ｳ尺丹几乙し丹ｳと

Translated Language Learning

I Diari di Adamo ed Eva

The Diaries of Adam and Eve

Mark Twain

Italiano / English

Copyright © 2023 Tranzlaty
All rights reserved.
Published by Tranzlaty
ISBN: 978-1-83566-186-4
Original texts by Mark Twain:
Extracts from Adam's Diary: Translated from the Original MS
First published in The Niagara Book 1893
Eve's Diary
First published in Harper's Bazaar 1905
Illustrated by Lester Ralph
www.tranzlaty.com

- Estratti dal Diario di Adamo -
- Extracts from Adam's Diary –

Avevo tradotto una parte di questo diario alcuni anni fa
I had translated a portion of this diary some years ago
Un mio amico ha stampato alcune copie del testo
a friend of mine printed a few copies of the text
il testo era in forma incompleta
the text was in an incomplete form
Ma il pubblico non ha mai potuto vedere quei testi
but the public never got to see those texts
Da allora ho decifrato altri geroglifici di Adamo
Since then I have deciphered some more of Adam's hieroglyphics
Ora è diventato sufficientemente importante come personaggio pubblico
he has now become sufficiently important as a public character
e penso che questa pubblicazione possa ora essere giustificata
and I think this publication can now be justified
- *Mark Twain*

***

LUNEDÌ - MONDAY
Questa nuova creatura con i capelli lunghi è costantemente in mezzo
This new creature with the long hair is constantly in the way
È sempre in giro e mi segue
It is always hanging around and following me about
Non mi piace questo
I don't like this
Non sono abituato alla compagnia
I am not used to company
Vorrei che rimanesse con gli altri animali
I wish it would stay with the other animals

Nuvoloso oggi, vento da est
Cloudy to-day, wind in the east
Penso che avremo pioggia
I think we shall have rain
Da dove ho preso quella parola?
Where did I get that word?
Ricordo ora
I remember now
La nuova creatura usa quella parola
the new creature uses that word

MARTEDÌ - TUESDAY
Ho esaminato la grande cascata
I've been examining the great waterfall
la grande cascata è la cosa più bella della tenuta, penso che
the great waterfall is the finest thing on the estate, I think
La nuova creatura le chiama Cascate del Niagara
The new creature calls it Niagara Falls
perché le chiama cascate del Niagara?
why does it call it Niagara falls?
Sono sicuro di non sapere
I am sure I do not know
dice che la cascata assomiglia alle cascate del Niagara
it says the waterfall looks like Niagara Falls
Questo non è un motivo
That is not a reason
è mera ribellione e imbecillità
it is mere waywardness and imbecility
Non ho alcuna possibilità di nominare nulla da solo
I get no chance to name anything myself
La nuova creatura dà un nome a tutto ciò che arriva
The new creature names everything that comes along
Non ho nemmeno il tempo di protestare
I don't even get time to protest
Lo stesso pretesto è sempre offerto
the same pretext is always offered

"Sembra la cosa"
"it looks like the thing"
C'è il dodo, per esempio
There is the dodo, for instance
Dice che nel momento in cui lo si guarda si vede l'animale "sembra un dodo"
it says the moment one looks at it one sees the animal "looks like a dodo"
Dovrà mantenere quel nome, senza dubbio
It will have to keep that name, no doubt
Mi stanca preoccuparmi
It wearies me to fret about it
e non serve a nulla preoccuparsene, comunque
and it does no good to worry about it, anyway
Dodo! Non sembra un dodo più di me
Dodo! It looks no more like a dodo than I do

MERCOLEDÌ - WEDNESDAY
Mi sono costruito un riparo contro la pioggia
I built myself a shelter against the rain
ma non potevo averlo per me in pace
but I could not have it to myself in peace
La nuova creatura si intromise
The new creature intruded
Ho provato a metterlo fuori
I tried to put it out
ma ha versato acqua dai buchi con cui sembra
but it shed water out of the holes it looks with
Ha asciugato l'acqua con il dorso delle zampe
it wiped the water away with the back of its paws
e faceva rumore come fanno gli animali quando sono in difficoltà
and it made a noise like the animals do when they are in distress
Vorrei che non parlasse
I wish it would not talk

è sempre parlare
it is always talking
Sembra un'avventura a buon mercato contro la povera creatura
That sounds like a cheap fling at the poor creature
ma non voglio che suoni come un insulto
but I do not mean it to sound like a slur
Non ho mai sentito la voce umana prima d'ora
I have never heard the human voice before
Per me è un suono nuovo e strano
for me it is a new and strange sound
e questo suono si intromette nel silenzio solenne di queste solitudini sognanti
and this sound intrudes itself upon the solemn hush of these dreaming solitudes
mi offende l'orecchio e sembra una nota falsa
it offends my ear and seems a false note
E questo nuovo suono è così vicino a me
And this new sound is so close to me
è proprio alla mia spalla, proprio al mio orecchio
it is right at my shoulder, right at my ear
prima da una parte e poi dall'altra
first on one side and then on the other
Sono abituato solo a suoni che sono lontani da me
I am used only to sounds that are at a distance from me

VENERDÌ - FRIDAY
Il nome va avanti in modo avventato, nonostante tutto ciò che posso fare
The naming goes recklessly on, in spite of anything I can do
Avevo un ottimo nome per la tenuta: Garden of Eden
I had a very good name for the estate: Garden of Eden
Era musicale e carino
it was musical and pretty
In privato, continuo a chiamarlo così
Privately, I continue to call it that

ma non lo chiamo più così in pubblico
but I don't call it that in public anymore
La nuova creatura dice che è tutto boschi, rocce e paesaggi
The new creature says it is all woods and rocks and scenery
quindi non ha alcuna somiglianza con un giardino, dice
therefore it has no resemblance to a garden, it says
Dice che sembra un parco
it says it looks like a park
Dice che non sembra nient'altro che un parco
it says it does not look like anything but a park
Senza consultarmi, ha deciso di rinominare il giardino
without consulting me, it decided to rename the garden
ora si chiama Niagara falls park
now it's called Niagara falls park
sta diventando troppo per me
it is becoming too much for me
E c'è già un'iscrizione
And there is already a sign up
"Tieni lontano l'erba"
"Keep off the grass"
La mia vita non è così felice come una volta
My life is not as happy as it was

SABATO - SATURDAY
La nuova creatura mangia troppa frutta
The new creature eats too much fruit
Potremmo presto rimanere a corto di frutta
We may well run short of fruit quite soon
"noi", di nuovo. Questa è una delle sue parole
"we", again. That is one of its words
Ho sentito la parola così tante volte
I've heard the word so many times
e ora è anche una delle mie parole
and now it's one of my words too

C'è molta nebbia questa mattina
There is a good deal of fog this morning
Non esco nella nebbia
I do not go out in the fog
La nuova creatura si spegne sempre nella nebbia
The new creature always goes out in the fog
Si spegne in tutte le condizioni atmosferiche
It goes out in all weathers
Inciampa fuori con i piedi fangosi e parla
it stumps around outside with its muddy feet and talks
Era così piacevole e tranquillo qui
It used to be so pleasant and quiet here

DOMENICA - SUNDAY
Questo giorno sta diventando sempre più impegnativo
This day is getting to be more and more trying
lo scorso novembre abbiamo reso questo giorno un giorno di riposo
last November we made this day a day of rest
Avevo già sei giorni di riposo a settimana
I already had six days of rest per week
Questa mattina ho trovato la nuova creatura all'albero proibito
This morning I found the new creature at the forbidden tree
Stava cercando di strappare le mele da quell'albero proibito.
it was trying to clod apples out of that forbidden tree

LUNEDÌ - MONDAY
La nuova creatura dice che il suo nome è Eva
The new creature says its name is Eve
Va bene.
That is all right
Non ho obiezioni a che si chiami Eva
I have no objections to it being called Eve
dice che dovrei chiamare Eva quando voglio che venga
it says I should call Eve when I want it to come

Ho detto che sarebbe stato superfluo
I said that would be superfluous
La parola evidentemente mi ha sollevato nel suo rispetto
The word evidently raised me in its respect
è davvero una parola grande e buona
it is indeed a large and good word
Questa parola varrà la pena di essere ripetuta
this word will be worth repeating
Dice che non è un "it"
It says it is not an "it"
dice che è una "Lei"
it says it is a "She"
Questo è probabilmente dubbio
This is probably doubtful
ma per me è lo stesso
but it is all the same to me
Qualunque cosa lei sia, non avrebbe importanza se non parlasse così tanto
whatever she is wouldn't matter if she didn't talk so much

MARTEDÌ - TUESDAY
Ha disseminato l'intera tenuta di nomi esecrabili e segni offensivi:
She has littered the whole estate with execrable names and offensive signs:
"Questa strada verso l'idromassaggio"
"this way to the whirlpool"
"Questo modo di Goat Island"
"this way to goat island"
"Grotta dei venti in questo modo"
"cave of the winds this way"
Dice che questo parco sarebbe un resort estivo ordinato
She says this park would make a tidy summer resort
Ma le località estive non sono affatto consuete
but summer resorts are not at all customary
"Summer resort" - un'altra sua invenzione

"Summer resort" - another invention of hers
solo parole senza alcun significato
just words without any meaning
Cos'è una località di villeggiatura estiva?
What is a summer resort?
Ma è meglio non chiederglielo
But it is best not to ask her
Ha così tanta energia per spiegare
she has so much energy for explaining

VENERDÌ - FRIDAY
Ha iniziato a supplicarmi di smettere di andare oltre le cascate
She has taken to beseeching me to stop going over the Falls
Che male fa?
What harm does it do?
Dice che la fa rabbrividire
Says it makes her shudder
Mi chiedo perché la faccia rabbrividire
I wonder why it makes her shudder
Sono sempre saltato giù dalle cascate
I have always jumped down from the waterfalls
Mi è piaciuto il tuffo e l'eccitazione
I liked the plunge and the excitement
e mi è piaciuta la frescura dell'acqua
and I liked the coolness of the water
Supponevo che fosse quello che le cascate erano per
I supposed it was what the Falls were for
Non hanno altro uso che io possa vedere
They have no other use that I can see
e devono essere stati fatti per qualcosa
and they must have been made for something
Dice che sono stati fatti solo per lo scenario
She says they were only made for scenery
come il rinoceronte e il mastodonte
like the rhinoceros and the mastodon

Ho attraversato le cascate in un barile
I went over the Falls in a barrel
ma questo non era soddisfacente per lei
but that was not satisfactory to her
Sono andato oltre le cascate in una vasca
I Went over the falls in a tub
non era ancora soddisfacente
it was still not satisfactory
Ho nuotato il Whirlpool e le Rapide in una tuta di foglia di fico
I swam the Whirlpool and the Rapids in a fig-leaf suit
la mia tuta è stata molto danneggiata
my suit got very damaged
così ho dovuto ascoltare noiose lamentele sulla mia stravaganza
so I had to listen to tedious complaints about my extravagance
Sono troppo ostacolato qui
I am too hampered here
Quello di cui ho bisogno è cambiare scenario
What I need is change of scenery

SABATO - SATURDAY
Sono scappato martedì sera e ho viaggiato due giorni
I escaped last Tuesday night and travelled two days
Ho costruito un altro rifugio in un luogo appartato
I built another shelter in a secluded place
e ho cancellato le mie tracce come ho potuto
and I obliterated my tracks as well as I could
ma mi ha cacciato con l'aiuto di una delle sue bestie
but she hunted me out with the aid of one of her beasts
una bestia che ha domato e chiama lupo
a beast which she has tamed and calls a wolf
è venuta a fare di nuovo quel rumore pietoso
she came making that pitiful noise again
E stava spargendo quell'acqua dai luoghi con cui guardava.
and she was shedding that water out of the places she looks

with
Sono stato obbligato a tornare con lei
I was obliged to return with her
ma emigrerò di nuovo, quando si presenterà un'occasione
but I will emigrate again, when an occasion presents itself

Si impegna in molte cose sciocche
She engages herself in many foolish things
Sta cercando di capire perché i leoni e le tigri mangiano erba e fiori
she's trying to understand why the lions and tigers eat grass and flowers
Dice che i loro denti indicherebbero che erano destinati a mangiarsi l'un l'altro.
she says their teeth would indicate that they were intended to eat each other
Questa è un'idea folle
This is a foolish idea
Per farlo avrebbero dovuto uccidersi a vicenda.
to do that they would have to kill each other
a quanto ho capito che introdurrebbe quella che viene chiamata "morte"
as I understand it that would introduce what is called "death"
e mi è stato detto che la morte non è ancora entrata nel Parco
and I have been told that death has not yet entered the Park
Su alcuni account è un peccato
on some accounts that is a pity

DOMENICA - riposato
SUNDAY - rested

LUNEDÌ - MONDAY
Credo di vedere a cosa serve la settimana
I believe I see what the week is for
è dare il tempo di riposarsi dalla stanchezza della domenica
it is to give time to rest up from the weariness of Sunday
Mi sembra una buona idea
It seems a good idea

Si è arrampicata di nuovo su quell'albero
She has been climbing that tree again
L'ho tirata fuori da esso
I clodded her out of it
Ha detto che nessuno stava guardando
She said nobody was looking
Essa sembra ritenere che una giustificazione sufficiente
she seems to consider that a sufficient justification
Ma non è una giustificazione per cambiare una cosa pericolosa
but it is no justification for chancing a dangerous thing
Le ho detto che non era una giustificazione per quello che aveva fatto.
I told her it was no justification for what she did
La parola "giustificazione" ha mosso la sua ammirazione
The word "justification" moved her admiration
sembrava invidiarmi un po', pensai
she seemed to envy me a little, I thought
È una buona parola
It is a good word
Userò la parola più spesso
I shall use the word more often

GIOVEDÌ - THURSDAY
Mi ha detto che era fatta di una delle mie costole
She told me she was made out of one of my ribs
Dubito un po' di quello che dice
I somewhat doubt what she says

Non mi sembra di mancare una costola
I don't seem to be missing a rib
e non riesco a immaginare come sarebbe stata fatta dalla mia costola
and I can't imagine how she would have been made from my rib
Sta facendo un gran polverone sulla poiana
She is making a great fuss about the buzzard
Dice che il suo stomaco non è d'accordo con l'erba
she says his stomach does not agree with the grass
Ha paura di non poter alzare la poiana
she is afraid she can't raise the buzzard
Pensa che fosse destinato a vivere sulla carne decomposta
she thinks it was intended to live on decayed flesh
La poiana deve andare d'accordo al meglio con ciò che viene fornito
The buzzard must get along the best it can with what is provided
Non possiamo ribaltare l'intero schema per accogliere la poiana
We cannot overturn the whole scheme to accommodate the buzzard

SABATO - SATURDAY
Cadde nello stagno mentre si guardava dentro.
She fell in the pond while she was looking at herself in it
guarda sempre se stessa
she is always looking at herself
È stata quasi strangolata dall'acqua
She was nearly strangled by the water
e ha detto che era molto scomodo
and she said it was most uncomfortable
Questo la fece dispiangere per le creature che vivono nell'acqua
This made her sorry for the creatures which live in the water
le creature che lei chiama pesci

the creatures which she calls fish
Continua ad attaccare i nomi a cose che non ne hanno bisogno
she continues to fasten names on to things that don't need them
il non venire quando sono chiamati con quei nomi
the don't come when they are called by those names
Ma questa è una questione di nessuna importanza per lei
but this is a matter of no consequence to her
Lei è un tale intorpidito
she is such a numbskull
Ha preso un sacco di pesci fuori dall'acqua la scorsa notte
she took a lot of the fish out of the water last night
e poi li portò in casa
and then she brought them into the house
Li ha messi nel mio letto in modo che fossero caldi
she put them in my bed so they would be warm
Ma non sembrano più felici di dove erano prima
but they don't seem any happier than where they were before
tutto quello che posso vedere è che sono più silenziosi
all I can see is that they are quieter
Quando verrà la notte li getterò di nuovo fuori
When night comes I shall throw them out again
Non dormirò più con questi pesci nel mio letto
I will not sleep with these fish in my bed again
Trovo sdraiato senza vestiti in mezzo a loro viscido e sgradevole
I find lying unclothed among them clammy and unpleasant

DOMENICA - riposato
SUNDAY - rested

MARTEDÌ - TUESDAY
Ha fatto amicizia con un serpente
She has made friends with a snake
Gli altri animali sono contenti che lei sia amica del serpente
The other animals are glad that she is friends with the snake
perché sperimentava sempre con gli altri animali
because she was always experimenting with the other animals
e dava sempre fastidio agli altri animali
and she was always bothering the other animals
e sono anche contento che sia amica del serpente
and I am also glad she is friends with the snake
Perché il serpente parla
because the snake talks
Ora passa più tempo a parlare con il serpente invece che con me.
now she spends more time talking with the snake instead of me
e questo mi permette di riposarmi
and this enables me to get a rest

VENERDÌ - FRIDAY
Dice che il serpente le consiglia di provare il frutto dell'albero proibito
She says the snake advises her to try the fruit of the forbidden tree
E dice che il risultato sarà una grande, bella e nobile educazione
and she says the result will be a great and fine and noble education
Le ho detto che ci sarebbe stato anche un altro risultato.
I told her there would be another result, too
Mangiare dall'albero introdurrebbe la morte nel mondo
eating from the tree would introduce death into the world
dirle che il frutto avrebbe portato la morte nel mondo è stato un errore
telling her the fruit would bring death into the world was a

mistake
Sarebbe stato meglio tenere l'osservazione per me
it would have been better to keep the remark to myself
Parlarle della morte le ha dato un'altra idea
telling her about death gave her another idea
Potrebbe salvare la poiana malata
she could save the sick buzzard
e poteva fornire carne fresca ai leoni e alle tigri scoraggiati
and she could furnish fresh meat to the despondent lions and tigers
Le ho consigliato di stare lontana dall'albero
I advised her to keep away from the tree
Ha detto che non si sarebbe tenuta lontana dall'albero
She said she wouldn't keep away from the tree
Prevedo guai ed emigrerò
I foresee trouble and I will emigrate

MERCOLEDÌ - WEDNESDAY
Ho avuto un periodo movimentato da quando sono fuggito
I have had an eventful time since I escaped
Sono scappato la notte in cui ha mangiato dall'albero
I escaped on the night she ate from the tree
e ho cavalcato un cavallo tutta la notte più veloce che poteva
and I rode a horse all night as fast as he could go
Speravo di uscire dal parco e nascondermi in qualche altro paese
I hoped to get out of the park and hide in some other country
Speravo di andarmene prima che iniziassero i problemi
I hoped I would get away before the trouble began
ma i miei piani non dovevano essere
but my plans were not to be
Circa un'ora dopo il tramonto stavo cavalcando attraverso una pianura fiorita
About an hour after sunup I was riding through a flowery plain
Migliaia di animali pascolavano e dormivano

thousands of animals were grazing and slumbering
e i giovani animali giocavano tra loro
and the young animals were playing with each other
All'improvviso scoppiarono in una tempesta di rumori spaventosi
all of a sudden they broke into a tempest of frightful noises
e in un attimo la pianura era in una frenetica commozione
and in one moment the plain was in a frantic commotion
Ogni bestia stava distruggendo il suo vicino
every beast was destroying its neighbour
Sapevo cosa significava; Eva aveva mangiato quel frutto
I knew what it meant; Eve had eaten that fruit
La morte era venuta al mondo
death had come into the world
Le tigri hanno mangiato il mio cavallo
The tigers ate my horse
non hanno prestato attenzione quando ho ordinato loro di desistere
they payed no attention when I ordered them to desist
mi avrebbero anche mangiato se fossi rimasto
they would even have eaten me if I had stayed
Ho trovato questo posto fuori dal parco
I found this place outside the park
Sono stato abbastanza a mio agio per alcuni giorni
I was fairly comfortable for a few days
ma lei ha trovato il mio nascondiglio
but she has found my hiding place
e ha chiamato il luogo Tonawanda
and she has named the place Tonawanda
dice che sembra Tonawanda
she says it looks like Tonawanda

In effetti, non mi è dispiaciuto che sia venuta.
In fact, I was not sorry she came
Ci sono solo scarsi raccolti qui
there are but meagre pickings here

e ha portato alcune di quelle mele
and she brought some of those apples
Ero così affamato che ho voglia di mangiarli
I was so hungry that I to eat them
Mangiare quelle mele era contro i miei principi
eating those apples was against my principles
ma trovo che i principi non abbiano alcuna forza reale tranne quando si è ben nutriti.
but I find that principles have no real force except when one is well fed
Venne con la tenda di rami e mazzi di foglie
She came curtained in boughs and bunches of leaves
Le ho chiesto cosa intendesse con tali sciocchezze.
I asked her what she meant by such nonsense
Le ho strappato le foglie
I snatched the leaves from her
e gettò le sue coperte a terra
and threw her coverings onto the ground
lei si agitava e arrossiva quando lo facevo
she tittered and blushed when I did this
Non avevo mai visto una persona arrossire e arrossire prima
I had never seen a person titter and blush before
I suoi modi sembravano essere disdicevoli e idioti
her manner seemed to be unbecoming and idiotic
ma ha detto che presto avrei saputo come ci si sentiva
but she said I would soon know how it felt
In questo aveva ragione
in this she was correct
Sono arrivato a capire il sentimento di vergogna
I have come to understand the feeling of shame

Affamato com'ero, ho deposto la mela mezza mangiata
Hungry as I was, I laid down the apple half eaten
è stata sicuramente la migliore mela che abbia mai visto
it was certainly the best apple I ever saw
Era una mela particolarmente buona, considerando il ritardo

della stagione
it was as especially good apple, considering the lateness of the season
e mi coprii dei rami e dei rami scartati
and I covered myself in the discarded boughs and branches
poi le ho parlato con una certa severità
then I spoke to her with some severity
Le ho ordinato di andare a prendere altre mele
I ordered her to go and get some more apples
e le ho detto di non fare di se stessa un tale spettacolo
and I told her not make such a spectacle of herself
Ha fatto come le ho detto
She did as I told her
Poi ci siamo insinuati dove le bestie selvagge hanno combattuto male
then we crept down to where the wild beasts bad battled
e abbiamo raccolto alcune delle loro pellicce
and we collected some of their furs
Le ho fatto mettere insieme un paio di abiti adatti alle occasioni pubbliche
I made her patch together a couple of suits proper for public occasions
Sono scomodi, è vero
They are uncomfortable, it is true
Ma questo abbigliamento che indossiamo ora è elegante
but this clothing we now wear is stylish
E questo è il punto principale sui vestiti
and that is the main point about clothes

Trovo che sia una buona compagna da avere
I find she is a good companion to have
Sarei solo e depresso senza di lei
I would be lonesome and depressed without her
se non avessi lei non avrei nessuno
if I didn't have her I wouldn't have anyone
Ma dice che è ordinato che lavoriamo per la nostra vita d'ora

in poi
but she says it is ordered that we work for our living from now on
Sarà utile per dividere il lavoro
She will be useful in dividing up the work
Sovrintenderò al lavoro che facciamo
I will superintend over the work we do

Dieci giorni dopo
Ten Days Later
Mi accusa di essere la causa del nostro disastro!
She accuses me of being the cause of our disaster!
Dice che il Serpente le assicurò che il frutto proibito non erano mele.
She says the Serpent assured her that the forbidden fruit was not apples
E lo dice con apparente sincerità e verità
and she says this with apparent sincerity and truth
Dice che non erano mele, ma invece che erano castagne
she says they weren't apples, but instead that they were chestnuts
Ho detto che ero innocente dal momento che non avevo mangiato castagne
I said I was innocent since I had not eaten any chestnuts
ma il Serpente la informò che "castagno" poteva avere anche un significato figurato
but the Serpent informed her that "chestnut" could also have a figurative meaning
Dice che una castagna può essere uno scherzo invecchiato e ammuffito
she says a chestnut can be an aged and mouldy joke
Sono diventato pallido a questa definizione
I turned pale at this definition
perché ho fatto molte battute per passare il tempo stanco
because I have made many jokes to pass the weary time
e alcune di loro le mie battute avrebbero potuto essere della

varietà di castagne
and some of them my jokes could have been of the chestnut variety
ma avevo onestamente supposto che fossero nuove battute quando le ho fatte
but I had honestly supposed that they were new jokes when I made them
Mi ha chiesto se avevo fatto qualche battuta proprio al momento della catastrofe.
She asked me if I had made any jokes just at the time of the catastrophe
Fui costretto ad ammettere che mi ero fatto uno scherzo
I was obliged to admit that I had made a joke to myself
anche se non ho fatto lo scherzo ad alta voce
although I did not make the joke aloud
questo era lo scherzo che stavo pensando tra me e me:
this was the joke I was thinking to myself:
Stavo pensando alle cascate
I was thinking about the waterfalls
"Com'è meraviglioso vedere quel vasto specchio d'acqua cadere laggiù!"
"How wonderful it is to see that vast body of water tumble down there!"
Poi in un istante un pensiero luminoso mi balenò in testa
Then in an instant a bright thought flashed into my head
"Sarebbe molto più meraviglioso vedere l'acqua cadere sulla cascata!"
"It would be a great deal more wonderful to see the water tumble up the waterfall!"
Stavo per morire dal ridere quando tutta la natura si è scatenata
I was just about to die from laughing when all nature broke loose
e ho dovuto fuggire per salvarmi la vita
and I had to flee for my life
"Ora vedi" disse trionfante.

"now you see" she said triumphantly
"il Serpente ha menzionato proprio quello scherzo"
"the Serpent mentioned that very jest"
"la chiamò la Prima Castagna"
"he called it the First Chestnut"
"E disse che era coevo alla creazione"
"and he said it was coeval with the creation"
Ahimè, sono davvero da biasimare
Alas, I am indeed to blame
Vorrei non essere così spiritoso
I wish that I were not so witty
Vorrei non aver mai avuto quel pensiero radioso!
I wish that I had never had that radiant thought!

L'anno prossimo
Next Year

L'abbiamo chiamato Caino
We have named it Cain
L'ha catturato mentre ero in campagna a catturare sulla North Shore dell'Erie
She caught it while I was up country trapping on the North Shore of the Erie
L'ha catturato nel legname a un paio di miglia dalla nostra piroga
she caught it in the timber a couple of miles from our dug-out
o potrebbe essere stato quattro miglia
or it might have been four miles
Non è sicura di quanto fosse lontano
she isn't certain how far it was
Ci assomiglia in qualche modo
It resembles us in some ways
Potrebbe anche essere una relazione con noi
it may even be a relation to us
Questo è ciò che pensa

That is what she thinks
ma questo è un errore, a mio giudizio
but this is an error, in my judgement
La differenza di dimensioni suggerisce che si tratta di un nuovo tipo di animale
The difference in size suggests it is a new kind of animal
è forse un pesce
it is perhaps a fish
anche se quando l'ho messo in acqua è affondato
though when I put it in the water it sank
e lei si tuffò dentro e lo strappò dall'acqua
and she plunged in and snatched it out of the water
Quindi non c'era alcuna possibilità per l'esperimento di determinare la questione
so there was no opportunity for the experiment to determine the matter
Penso ancora che sia un pesce
I still think it is a fish
ma lei è indifferente a ciò che è
but she is indifferent about what it is
e lei non mi permetterà di provarlo
and she will not let me have it to try
Non capisco questo
I do not understand this
La venuta della creatura sembra aver cambiato tutta la sua natura
The coming of the creature seems to have changed her whole nature
L'ha resa irragionevole riguardo agli esperimenti
it has made her unreasonable about experiments
Ci pensa più di quanto non faccia con qualsiasi altro animale.
She thinks more of it than she does of any of the other animals
ma non è in grado di spiegare perché le piace così tanto
but she is not able to explain why she likes it so much
La sua mente è disordinata

Her mind is disordered
Tutto mostra quanto sia disordinata la sua mente
everything shows how disordered her mind is
A volte porta il pesce in braccio per metà della notte.
Sometimes she carries the fish in her arms half the night
Si prende cura del pesce quando si lamenta
she looks after the fish when it complains
Penso che si lamenti perché vuole arrivare all'acqua
I think it complains because it wants to get to the water
In quei momenti l'acqua esce dai luoghi da cui lei guarda fuori
At such times the water comes out of the places that she looks out of
e lei accarezza il pesce sulla schiena e fa suoni morbidi con la bocca
and she pats the fish on the back and makes soft sounds with her mouth
tradisce il dolore e la sollecitudine in cento modi
she betrays sorrow and solicitude in a hundred ways
Non l'ho mai vista fare così con nessun altro pesce
I have never seen her do like this with any other fish
e le sue azioni verso il pesce mi turbano molto
and her actions towards the fish trouble me greatly
Portava in giro le giovani tigri come fa con il pesce.
She used to carry the young tigers around like she does with the fish
E lei giocava con i Tigers prima che perdessimo la nostra proprietà
and she used play with the tigers before we lost our property
Ma con i Tigers giocava solo con loro
but with the tigers she was only playing with them
Non si è mai preoccupata per loro quando la loro cena non era d'accordo con loro
she never worried about them when their dinner disagreed with them

DOMENICA - SUNDAY

Non lavora la domenica
She doesn't work Sundays
ma lei giace in giro tutta stanca
but she lies around all tired out
e le piace avere il pesce che sguazza su di lei
and she likes to have the fish wallow over her
fa rumori folli per divertire il pesce
she makes foolish noises to amuse the fish
e lei finge di masticare le zampe
and she pretends to chew its paws
il fa ridere il pesce
the makes the fish laugh
Non ho mai visto un pesce prima che potesse ridere
I have not seen a fish before that could laugh
Questo mi fa dubitare che sia davvero un pesce
This makes me doubt whether it really is a fish
Io stesso mi piace la domenica
I have come to like Sunday myself
Supervisionare tutta la settimana stanca un corpo così
Superintending all the week tires a body so
Ci dovrebbero essere più domeniche
There ought to be more Sundays
Ai vecchi tempi le domeniche erano dure
In the old days Sundays were tough
ma ora le domeniche sono molto utili da avere
but now Sundays are very handy to have

MERCOLEDÌ - WEDNESDAY

Non è un pesce
It isn't a fish
Non riesco a capire di cosa si tratti
I cannot quite make out what it is
Fa rumori curiosi e diabolici quando non è soddisfatto
It makes curious and devilish noises when not satisfied
e dice "goo-goo" quando è soddisfatto

and it says "goo-goo" when it is satisfied
Non è uno di noi, perché non cammina
It is not one of us, for it doesn't walk
non è un uccello, perché non vola
it is not a bird, for it doesn't fly
non è una rana, perché non salta
it is not a frog, for it doesn't hop
non è un serpente, perché non striscia
it is not a snake, for it doesn't crawl
Sono sicuro che non è un pesce
I feel sure it is not a fish
ma non riesco ad avere la possibilità di scoprire se sa nuotare o no
but I cannot get a chance to find out whether it can swim or not
Si limita a giacere intorno, per lo più sulla schiena, con i piedi alzati
It merely lies around, mostly on its back, with its feet up
Non ho mai visto nessun altro animale farlo prima d'ora.
I have not seen any other animal do that before
Ho detto che credevo fosse un enigma
I said I believed it was an enigma
ma lei ammirava solo la parola senza capirla
but she only admired the word without understanding it
A mio giudizio è o un enigma o una sorta di bug
In my judgement it is either an enigma or some kind of a bug
Se muore, lo smonterò e vedrò quali sono le sue disposizioni
If it dies, I will take it apart and see what its arrangements are
Non ho mai avuto una cosa che mi lasciasse così perplesso
I never had a thing perplex me so much

Tre mesi dopo
Three Months Later

sta solo diventando più perplesso, invece di meno
it is only getting more perplexing, instead of less
Dormo ma poco
I sleep but little
ha cessato di giacere in giro
it has ceased from lying around
Va in giro sulle sue quattro gambe ora
it goes about on its four legs now
Eppure differisce dagli altri animali a quattro zampe
Yet it differs from the other four-legged animals
le zampe anteriori sono insolitamente corte
its front legs are unusually short
Questo fa sì che la parte principale del suo corpo si attacchi in modo scomodamente alto
this causes the main part of its body to stick up uncomfortably high
e questo non è attraente
and this is not attractive
È costruito molto come noi
It is built much as we are
ma il suo metodo di viaggio dimostra che non è della nostra razza
but its method of travelling shows that it is not of our breed
Le zampe anteriori corte e quelle posteriori lunghe indicano che è della famiglia dei canguri
The short front legs and long hind ones indicate that it is of the kangaroo family
ma è una marcata variazione della specie
but it is a marked variation of the species
Il vero canguro salta, ma questo non lo fa mai
the true kangaroo hops, but this one never does
Tuttavia, è una varietà curiosa e interessante
Still, it is a curious and interesting variety

e non è stato catalogato prima
and it has not been catalogued before
Come l'ho scoperto, mi sento giustificato nel garantire il merito della scoperta
As I discovered it, I feel justified in securing the credit of the discovery
e sarò io ad attaccarvi il mio nome
and I shall be the one to attach my name to it
così l'ho chiamato Kangaroorum Adamiensis
so I have called it Kangaroorum Adamiensis

Deve essere stato giovane quando è arrivato.
It must have been a young one when it came
perché è cresciuto enormemente da quando è arrivato
because it has grown exceedingly since it came
Deve essere cinque volte più grande, ora, come lo era allora
It must be five times as big, now, as it was then
Quando è scontento può fare da ventidue a trentotto volte il rumore che faceva all'inizio
when discontented it can make twenty-two to thirty-eight times the noise it made at first
La coercizione non modifica questo
Coercion does not modify this
semmai, la coercizione ha l'effetto contrario
if anything, coercion has the contrary effect
Per questo motivo ho interrotto il sistema
For this reason I discontinued the system
Lei lo riconcilia con la persuasione
She reconciles it by persuasion
e lei gli dà cose che prima le aveva detto che non le avrebbe dato
and she gives it things which she had previously told it she wouldn't give it
Come già osservato, non ero a casa quando è arrivato per la prima volta
As already observed, I was not at home when it first came

e mi ha detto che l'ha trovato nel bosco
and she told me she found it in the woods
Sembra strano che dovrebbe essere l'unico
It seems odd that it should be the only one
eppure deve essere l'unico
yet it must be the only one
Mi sono stancato cercando di trovarne un altro
I have worn myself out trying to find another one
se ne avessi un altro nella mia collezione potrei studiarlo meglio
if I had another one in my collection I could study it better
e poi questo avrebbe uno del suo genere con cui giocare
and then this one would have one of its kind to play with
Sicuramente, allora sarebbe più tranquillo
surely, then it would be quieter
e poi potremmo domarlo più facilmente
and then we could tame it more easily
Ma non ne trovo alcuna, né alcuna traccia di alcuno
But I find none, nor any vestige of any
e più strano di tutti, non ho trovato tracce
and strangest of all, I have found no tracks
Deve vivere sulla terra
It has to live on the ground
non può farne a meno di se stesso
it cannot help itself
Quindi, come fa a muoversi senza lasciare una traccia?
therefore, how does it get about without leaving a track?
Ho piazzato una dozzina di trappole
I have set a dozen traps
Ma le trappole non servono a nulla
but the traps do no good
Prendo tutti i piccoli animali tranne quello
I catch all the small animals except that one
animali che cadono nella trappola solo per curiosità
animals that merely go into the trap out of curiosity
Penso che vadano a vedere a cosa serve il latte

I think they go to see what the milk is there for
ma non bevono mai questo latte
but they never drink this milk

Tre mesi dopo
Three Months Later

Il canguro continua a crescere
The kangaroo still continues to grow
Questa crescita continua è molto strana e sconcertante
this continual growth is very strange and perplexing
Non ho mai conosciuto nessun animale che passasse così tanto tempo a crescere
I never knew any animal to spend so much time growing
Ora ha la pelliccia in testa, ma non come la pelliccia di canguro
It has fur on its head now, but not like kangaroo fur
È esattamente come i nostri capelli, ma più fine e morbido
it's exactly like our hair, but finer and softer
e invece di essere nera la sua pelliccia è rossa
and instead of being black its fur is red
Mi piace perdere la testa per questo maniaco zoologico
I am like to lose my mind over this zoological freak
Gli sviluppi capricciosi e molesti sono inclassificabili
the capricious and harassing developments are unclassifiable
Se solo potessi prenderne un altro
If only I could catch another one
ma è senza speranza cercare di trovarne un altro
but it is hopeless trying to find another
Devo accettare che si tratta di una nuova varietà
I have to accept that it is a new variety
è l'unico campione, questo è evidente da vedere
it is the only sample, this is plain to see
Ma ho catturato un vero canguro e l'ho portato dentro
But I caught a true kangaroo and brought it in
Ho pensato che questo potrebbe essere solitario

I thought that this one might be lonesome
quindi potrebbe preferire avere un canguro per compagnia
so it might prefer to have a kangaroo for company
altrimenti non avrebbe alcun parente
otherwise it would have no kin at all
e non avrebbe nessun animale a cui potesse sentire una vicinanza
and it would have no animal that it could feel a nearness to
In questo modo potrebbe ottenere simpatia per la sua condizione desolata tra gli estranei
this way it might get sympathy for its forlorn condition among strangers
estranei che non conoscono i suoi modi o abitudini
strangers who do not know its ways or habits
estranei che non sanno come far sentire che è tra amici
strangers who do not know how to make it feel that it is among friends
ma è stato un errore
but it was a mistake
è andato in crisi terribili alla vista del canguro
it went into terrible fits at the sight of the kangaroo
Sono convinto che non avesse mai visto un canguro prima
I am convinced it had never seen a kangaroo before
Ho pietà del povero animaletto rumoroso
I pity the poor noisy little animal
ma non c'è niente che io possa fare per renderlo felice
but there is nothing I can do to make it happy
Vorrei domarlo, ma è fuori questione
I would like to tame it, but that is out of the question
più ci provo, peggio mi sembra di farcela
the more I try, the worse I seem to make it
Mi addolora al cuore vederlo nelle sue piccole tempeste di dolore e passione
It grieves me to the heart to see it in its little storms of sorrow and passion
Volevo lasciar perdere, ma lei non voleva sentirne parlare

I wanted to let it go, but she wouldn't hear of it
Sembrava crudele e non come lei
That seemed cruel and not like her
Eppure potrebbe avere ragione
and yet she may be right
Potrebbe essere più solitario che mai
It might be lonelier than ever
se non riesco a trovarne un altro, come potrebbe non essere solo?
if I cannot find another one, how could it not be lonely?

Cinque mesi dopo
Five Months Later

Non è un canguro
It is not a kangaroo
Tenendo le dita fa qualche passo sulle zampe posteriori
holding her fingers it goes a few steps on its hind legs
e poi cade di nuovo giù
and then it falls down again
quindi è probabilmente una specie di orso
so it is probably some kind of a bear
eppure non ha ancora la coda.
and yet it has no tail, as yet
e non ha pelliccia, se non sulla testa
and it has no fur, except on its head
Continua a crescere, il che è molto interessante
It still keeps on growing, which is very interesting
Gli orsi ottengono la loro crescita prima di questo
bears get their growth earlier than this
Gli orsi sono pericolosi dopo la nostra catastrofe
Bears are dangerous since our catastrophe
presto dovrà avere una museruola
soon it will have to have a muzzle on
altrimenti non mi sentirò al sicuro intorno ad esso
otherwise I won't feel safe around it

Mi sono offerto di procurarle un canguro se avesse lasciato andare questo
I have offered to get her a kangaroo if she would let this one go
ma lei non ha apprezzato la mia offerta
but she did not appreciate my offer
È determinata a farci correre ogni sorta di rischi folli
she is determined to run us into all sorts of foolish risks
Non era così prima di perdere la testa
she was not like this before she lost her mind

Una quindicina di giorni dopo
A Fortnight Later

Ho esaminato la sua bocca
I examined its mouth
Non c'è ancora alcun pericolo; ha un solo dente
There is no danger yet; it has only one tooth
Non ha ancora la coda
It has no tail yet
Fa più rumore ora di quanto non abbia mai fatto prima
It makes more noise now than it ever did before
e fa il rumore principalmente di notte
and it makes the noise mainly at night
Mi sono trasferito
I have moved out
Ma andrò la mattina a fare colazione
But I shall go over in the mornings to breakfast
poi vedrò se ha più denti
then I will see if it has more teeth
Se ottiene un boccone di denti, sarà il momento per farlo andare
If it gets a mouthful of teeth, it will be time for it to go
Non farò un'eccezione se non ha la coda
I won't make an exception if it has no tail
Gli orsi non hanno bisogno di code per essere pericolosi
bears do not need tails in order to be dangerous

Quattro mesi dopo
Four Months Later

Sono stato fuori a caccia e pesca un mese
I have been off hunting and fishing a month
nella regione che lei chiama Buffalo
up in the region that she calls Buffalo
Non so perché l'abbia chiamato Buffalo
I don't know why she has called it Buffalo
Potrebbe essere perché non ci sono bufali lì
it could be because there are not any buffaloes there
L'orso ha imparato a pagaiare da solo
the bear has learned to paddle around all by itself
può camminare sulle zampe posteriori
it can walk on its hind legs
e ci dice "papà" e "mamma"
and it says "daddy" and "mummy" to us
È certamente una specie nuova
It is certainly a new species
Questa somiglianza con le parole può essere puramente accidentale, naturalmente.
This resemblance to words may be purely accidental, of course
Può darsi che le sue parole non abbiano scopo o significato
it may be that its words have no purpose or meaning
ma anche in quel caso sarebbe comunque straordinario
but even in that case it would still be extraordinary
Usare le parole è qualcosa che nessun altro orso può fare
using words is something which no other bear can do
Questa imitazione del linguaggio indica sufficientemente che questo è un nuovo tipo di orso.
This imitation of speech sufficiently indicates that this is a new kind of bear
Aggiungete a ciò l'assenza generale di pelliccia
add to that the general absence of fur
e considera l'intera assenza di una coda
and consider the entire absence of a tail

Ulteriori studi su di esso saranno estremamente interessanti
further study of it will be exceedingly interesting
Nel frattempo partirò per una lunga spedizione tra le foreste del Nord
Meantime I will go off on a far expedition among the forests of the North
lì farò una ricerca più esaustiva
there I will make a more exhaustive search
Ce ne deve certamente essere un altro da qualche parte
There must certainly be another one somewhere
questo sarà meno pericoloso quando avrà compagnia della sua stessa specie
this one will be less dangerous when it has company of its own species
Andrò dritto
I will go straightway
ma metterò la museruola prima a questo
but I will muzzle this one first

Tre mesi dopo
Three Months Later

È stata una caccia stanca e stanca
It has been a weary, weary hunt
eppure non ho avuto successo
yet I have had no success
mentre ero via ne ha preso un altro!
while I was gone she caught another one!
e non ha nemmeno lasciato la tenuta
and she didn't even leave the estate
Non ho mai visto tanta fortuna
I never saw such luck
Potrei aver cacciato questi boschi cento anni senza trovarne uno
I might have hunted these woods a hundred years without finding one

Indomani - Next Day
Ho confrontato quello nuovo con quello vecchio
I have been comparing the new one with the old one
è perfettamente chiaro che sono della stessa razza
it is perfectly plain that they are the same breed
Stavo per riempirne uno per la mia collezione
I was going to stuff one of them for my collection
ma lei ha pregiudizi contro di esso per qualche motivo
but she is prejudiced against it for some reason
quindi ho rinunciato all'idea
so I have relinquished the idea
ma penso che sia un errore
but I think it is a mistake
Sarebbe una perdita irreparabile per la scienza se dovessero farla franca.
It would be an irreparable loss to science if they should get away
Quello vecchio è più addomesticato di quanto non fosse
The old one is tamer than it was
Ora può ridere e parlare come il pappagallo
now it can laugh and talk like the parrot
Non ho dubbi che abbia imparato questo dal pappagallo
I have no doubt that it has learned this from the parrot
Ho calcolato che ha una grande quantità di facoltà imitativa
I calculate it has a great amount of the imitative faculty
Sarei stupito se si rivelasse essere un nuovo tipo di pappagallo
I shall be astonished if it turns out to be a new kind of parrot
e tuttavia non dovrei stupirmi
and yet I ought not to be astonished
perché è già stato tutto il resto a cui poteva pensare
because it has already been everything else it could think of
Il nuovo è brutto ora come lo era il vecchio all'inizio
The new one is as ugly now as the old one was at first
ha la stessa carnagione sulfurea
it has the same sulphur complexion

e ha la stessa testa singolare senza alcuna pelliccia su di esso
and it has the same singular head without any fur on it
Chiama il nuovo Abele
She calls the new one Abel

Dieci anni dopo
Ten Years Later

Sono ragazzi; L'abbiamo scoperto molto tempo fa
They are boys; we found it out long ago
Era il loro arrivo in quella forma piccola e immatura che ci lasciava perplessi.
It was their coming in that small, immature shape that puzzled us
Non eravamo abituati al fatto che gli animali fossero così piccoli per così tanto tempo
we were not used to animals being so small for so long
Ci sono alcune ragazze ora
There are some girls now
Abele è un bravo ragazzo
Abel is a good boy
ma se Caino fosse rimasto un orso lo avrebbe migliorato
but if Cain had stayed a bear it would have improved him

Dopo tutti questi anni mi rendo conto di aver sbagliato
After all these years I realize I had made a mistake
Vedo che inizialmente mi sbagliavo su Eva
I see that I was initially mistaken about Eve
è meglio vivere fuori dal Giardino con lei che dentro di esso senza di lei
it is better to live outside the Garden with her than inside it without her
All'inizio pensavo che parlasse troppo
At first I thought she talked too much
ma ora mi dispiacerebbe che quella voce tacesse
but now I should be sorry to have that voice fall silent

Non vorrei che quella voce passasse dalla mia vita
I wouldn't want that voice to pass out of my life
Sia benedetta la castagna che ci ha uniti
Blessed be the chestnut that brought us together
Questa castagna mi ha insegnato a conoscere la bontà del suo cuore
this chestnut has taught me to know the goodness of her heart
Questa castagna mi ha insegnato la dolcezza del suo spirito!
this chestnut has taught me the sweetness of her spirit!

- **Eve's Diary -**
- **Diario di Eva –**

Translated from the original, by Mark Twain
Tradotto dall'originale, di Mark Twain

SABATO - SATURDAY
Ho quasi un giorno intero, ora
I am almost a whole day old, now
Sono arrivato ieri
I arrived yesterday
E' così che mi sembra
That is as it seems to me
E deve essere così

And it must be so
forse c'è stato un giorno prima-ieri
perhaps there was a day-before-yesterday
ma non c'ero quando è successo
but I was not there when it happened
se ci fossi stato me lo sarei ricordato
if I had been there I would remember it
Potrebbe essere, naturalmente, che sia successo
It could be, of course, that it did happen
e potrebbe essere che non me ne stavo accorgendo
and it could be that I was not noticing
Molto bene; Sarò molto vigile ora
Very well; I will be very watchful now
se succede un giorno prima-ieri farò un appunto
if a day-before-yesterday happen I will make a note
Sarà meglio iniziare bene
It will be best to start right
Ed è meglio non lasciare che il record si confonda
and it's best not to let the record get confused
Sento che questi dettagli saranno importanti
I feel these details are going to be important
il mio istinto mi sta dicendo questo
my instincts are telling me this
Potrebbero essere importanti per gli storici un giorno
they might be important to historians some day
Perché mi sento come un esperimento
For I feel like an experiment
Mi sento esattamente come un esperimento
I feel exactly like an experiment
una persona non può sentirsi più simile a un esperimento di me
a person can't feel more like an experiment than I do
sarebbe impossibile sentirsi più come un esperimento
it would be impossible to feel more like an experiment
e così mi sento convinto che è quello che sono
and so I am coming to feel convinced that is what I am

Sono un esperimento
I am an experiment
solo un esperimento e niente di più
just an experiment and nothing more

Quindi, se sono un esperimento, sono io il tutto?
Then, if I am an experiment, am I the whole of it?
No, penso di non essere l'intero esperimento
No, I think I am not the whole experiment
Penso che anche il resto faccia parte dell'esperimento
I think the rest of it is part of the experiment too
Io sono la parte principale dell'esperimento
I am the main part of the experiment
ma penso che il resto abbia la sua parte nella questione

but I think the rest of it has its share in the matter
La mia posizione nell'esperimento è assicurata?
Is my position in the experiment assured?
o devo guardare la mia posizione e occuparmene?
or do I have to watch my position and take care of it?
Penso che sia la seconda, forse
I think it is the latter, perhaps
Un po' d'istinto mi dice di custodire il mio ruolo
Some instinct tells me guard my role
La vigilanza eterna è il prezzo della supremazia
eternal vigilance is the price of supremacy
Questa è una buona frase, penso
That is a good phrase, I think
è particolarmente buono per qualcuno così giovane
it is especially good for someone so young

Tutto sembra migliore oggi di ieri
Everything looks better today than it did yesterday
C'era stata una grande fretta di finire le montagne
there had been a great rush of finishing up the mountains
Quindi le cose erano state lasciate in condizioni lacere
so things had been left in a ragged condition
e le pianure aperte erano così ingombre che
and the open plains were so cluttered that
Tutti gli aspetti e le proporzioni erano piuttosto angoscianti
all the aspects and proportions were quite distressing
perché avevano ancora spazzatura e resti
because they still had rubbish and remnants
Le opere d'arte nobili e belle non dovrebbero essere affrettate
Noble and beautiful works of art should not be rushed

e questo maestoso nuovo mondo è davvero un'opera d'arte
and this majestic new world is indeed a work of art
Posso dire che è stato fatto per essere nobile e bello
I can tell it has been made to be noble and beautiful
ed è certamente meravigliosamente vicino ad essere perfetto
and it is certainly marvellously near to being perfect
nonostante la brevità dei tempi
notwithstanding the shortness of the time
Ci sono troppe stelle in alcuni luoghi
There are too many stars in some places
e non ci sono abbastanza stelle in altri posti
and there are not enough stars in other places
Ma questo può essere risolto abbastanza presto, senza dubbio
but that can be remedied soon enough, no doubt
La luna si è sciolta ieri sera ed è scivolata giù
The moon got loose last night and slid down
è caduto fuori dallo schema
it fell out of the scheme
Questa è stata una perdita molto grande
this was a very great loss
Mi spezza il cuore a pensarci
it breaks my heart to think of it
Tra gli ornamenti e le decorazioni è unico
among the ornaments and decorations it is unique
Niente è paragonabile ad esso per bellezza e finitura
nothing is comparable to it for beauty and finish
Avrebbe dovuto essere tenuto meglio
It should have been held in place better
Vorrei che potessimo recuperarlo di nuovo
I wish we could get it back again

Ma non si sa dove sia andato a finire
But there is no telling where it went to
E inoltre, chi lo ottiene lo nasconderà
And besides, whoever gets it will hide it
Lo so perché lo farei io stesso
I know it because I would do it myself
Credo di poter essere onesto in tutte le altre questioni
I believe I can be honest in all other matters
ma comincio già a rendermi conto di qualcosa;
but I already begin to realize something;
Il nucleo della mia natura è l'amore per il bello
the core of my nature is love of the beautiful
Ho una passione per il bello

I have a passion for the beautiful
quindi non sarebbe sicuro affidarmi una luna
so it would not be safe to trust me with a moon
Potrei rinunciare a una luna che ho trovato durante il giorno
I could give up a moon that I found in the daytime
perché avrei avuto paura che qualcuno stesse cercando
because I would be afraid someone was looking
ma se trovassi una luna al buio la terrei
but if I found a moon in the dark I would keep it
Sono sicuro che potrei trovare una sorta di scusa
I am sure I could find some kind of an excuse
Troverei un modo per non dire nulla al riguardo
I would find a way to not say anything about it
perché amo le lune
because I do love moons
Sono così belle e così romantiche
they are so pretty and so romantic
Vorrei che ne avessimo cinque o sei
I wish we had five or six of them
Non andrei mai a letto
I would never go to bed
Non mi stancherei mai di sdraiarmi sulla riva del muschio
I would never get tired lying on the moss-bank
e li guardavo sempre
and I would always be looking up at them

Anche le stelle sono buone
Stars are good, too
Vorrei poterne avere un po 'da mettere nei miei capelli
I wish I could get some to put in my hair
Ma suppongo che non potrò mai farlo
But I suppose I can never do that
È sorprendente quanto siano lontani
it's surprising how far away they are
perché non sembrano lontani
because they do not look like they're far away
Si sono mostrati per la prima volta ieri sera
they first showed themselves last night
Ho provato a buttarne giù alcuni con un palo

I tried to knock some down with a pole
ma non raggiunse, il che mi stupì;
but it didn't reach, which astonished me;
poi ho provato a lanciare loro delle zolle
then I tried throwing clods at them
Ho provato questo fino a quando non ero tutto stanco
I tried this till I was all tired out
ma non sono mai riuscito a prenderne uno
but I never managed to get one
Deve essere perché sono mancino
It must be because I am left-handed
per questo non posso buttare bene
because of this I cannot throw good
anche se ho fatto alcuni scatti ravvicinati
though I did make some close shots
Ho visto la macchia nera della zolla
I saw the black blot of the clod
Ha navigato dritto in mezzo ai grappoli d'oro
it sailed right into the midst of the golden clusters
Devo aver provato quaranta o cinquanta volte
I must have tried forty or fifty times
e li ho appena persi
and I just barely missed them
forse avrei dovuto resistere ancora un po'
perhaps I should have held out a little longer
e poi potrei averne uno
and then I might have got one

Così ho pianto un po', il che è stato naturale
So I cried a little, which was natural
Suppongo che sia naturale per uno della mia età
I suppose it is natural for one of my age
e dopo che mi sono riposato ho preso un cestino
and after I was rested I got a basket
Andai su una collina sul bordo estremo del cerchio
I went to a hill on the extreme rim of the circle
Lì le stelle dovrebbero essere più vicine al suolo
there the stars should be closer to the ground
forse se fossi lì potrei prenderli
perhaps if I was there I could get them
poi potrei prenderli con le mie mani

then I could get them with my hands
questo sarebbe meglio comunque
this would be better anyway
perché allora potrei raccoglierli teneramente
because then I could gather them tenderly
e non li romperei
and I would not break them
Ma era più lontano di quanto pensassi
But it was farther than I thought
e alla fine ho dovuto rinunciarvi
and at last I had to give it up
Ero così stanco da tutti i miei tentativi
I was so tired from all my trying
Non riuscivo a trascinare i piedi di un altro passo
I couldn't drag my feet another step
e inoltre, i miei piedi erano doloranti
and besides, my feet were sore
e mi fanno molto male i piedi
and my feet hurt me very much
Non riuscivo a tornare a casa
I couldn't get back home
Era tardi, e stava diventando freddo
it was late, and turning cold
ma ho trovato alcune tigri
but I found some tigers
e mi sono annidato in mezzo a loro
and I nestled in among them
ed era adorabilmente confortevole
and it was most adorably comfortable
e il loro respiro era dolce e piacevole
and their breath was sweet and pleasant
perché vivono con una dieta a base di fragole
because they live on a diet of strawberries
Non avevo mai visto una tigre prima
I had never seen a tiger before
ma l'ho capito subito dalle loro strisce

but I knew straight away by their stripes
Se solo potessi avere una di quelle pelli
If only I could have one of those skins
sarebbe un bel vestito
it would make a lovely gown

Oggi mi sto facendo un'idea migliore sulle distanze
Today I am getting better ideas about distances
Ero così ansioso di entrare in possesso di ogni cosa carina
I was so eager to get hold of every pretty thing
Ero così ansioso che l'ho afferrato vertiginosamente
I was so eager that I giddily grabbed for it
a volte l'ho afferrato quando era troppo lontano

sometimes I grabbed for it when it was too far away
e l'ho afferrato quando era a soli sei centimetri di distanza
and I grabbed for it when it was but six inches away
L'ho persino afferrato quando era tra le spine!
I even grabbed for it when it was between thorns!
Ho imparato una lezione e ho fatto un assioma
I learned a lesson and I made an axiom
Ho fatto tutto dalla mia testa
I made it all out of my own head
è il mio primo in assoluto
it is my very first one
L'ESPERIMENTO GRAFFIATO EVITA LA SPINA
THE SCRATCHED EXPERIMENT SHUNS THE THORN
Penso che sia un ottimo assioma per uno così giovane
I think it is a very good axiom for one so young

ieri pomeriggio ho seguito l'altro esperimento in giro
last afternoon I followed the other experiment around
Ho mantenuto una distanza, per vedere a cosa potesse servire
I kept a distance, to see what it might be for
Ma non sono stato in grado di stabilirne l'uso
But I was not able to establish its use
Penso che sia un uomo
I think it is a man
Non avevo mai visto un uomo
I had never seen a man
ma sembrava un uomo
but it looked like a man
e sono sicuro che è quello che è
and I feel sure that that is what it is
Ho capito qualcosa di strano in quest'uomo
I realized something strange about this man
Provo più curiosità rispetto agli altri rettili
I feel more curiosity about it than the other reptiles
Suppongo che sia un rettile

I'm assuming it is a reptile
perché ha i capelli arruffati e gli occhi azzurri
because it has frowzy hair and blue eyes
e sembra un rettile
and it looks like a reptile
Non ha fianchi e si assottiglia come una carota quando sta in piedi
It has no hips and tapers like a carrot when it stands
Si distende come un derrick
it spreads itself apart like a derrick
quindi penso che sia un rettile
so I think it is a reptile
anche se può essere architettura
although it may be architecture

All'inizio ne avevo paura
I was afraid of it at first
e ho iniziato a correre ogni volta che si girava
and I started to run every time it turned around
perché pensavo che mi avrebbe inseguito
because I thought it was going to chase me
ma a poco a poco ho scoperto che stava solo cercando di scappare
but by and by I found it was only trying to get away
così dopo non ero più timido
so after that I was not timid any more
ma ho seguito dietro di esso di una ventina di metri
but I tracked behind it by about twenty yards
L'ho monitorato per diverse ore
I tracked it for several hours
Questo lo rendeva nervoso e infelice
this made it nervous and unhappy
Alla fine era molto preoccupato, e si arrampicò su un albero
At last it was a good deal worried, and climbed a tree
Ho aspettato un bel po'
I waited a good while
poi ha rinunciato e se n'è andato a casa
then I gave it up and went home

DOMENICA - SUNDAY

Oggi è successa la stessa cosa
Today the same thing happened
L'ho ripreso sull'albero
I got it up the tree again
È ancora lassù
It is still up there
e sta riposando, apparentemente
and it is resting, apparently
Ma questo è un sotterfugio
But that is a subterfuge
La domenica non è il giorno di riposo
Sunday isn't the day of rest
Sabato è nominato per questo
Saturday is appointed for that
Mi sembra una strana creatura
It looks to me like a strange creature
è più interessato a riposare che a qualsiasi altra cosa
it is more interested in resting than in anything else
Mi stancherebbe riposare così tanto
It would tire me to rest so much
Mi stanca solo sedermi e guardare l'albero
It tires me just to sit around and watch the tree
Mi chiedo a cosa serva
I do wonder what it is for
Non lo vedo mai fare nulla
I never see it do anything

Hanno restituito la luna ieri sera
They returned the moon last night
ed ero così felice!
and I was SO happy!
Penso che sia molto onesto da parte loro
I think it is very honest of them
È scivolato giù ed è caduto di nuovo
It slid down and fell off again
ma non ero angosciato
but I was not distressed
non c'è bisogno di preoccuparsi
there is no need to worry
Quando uno ha vicini così gentili, lo recupereranno indietro

when one has such kind neighbours, they will fetch it back
Vorrei poter fare qualcosa per mostrare il mio apprezzamento
I wish I could do something to show my appreciation
Vorrei inviare loro alcune stelle
I would like to send them some stars
perché abbiamo più di quanto possiamo usare
because we have more than we can use
Intendo dire io, non noi
I do mean to say I, not we
Vedo che al rettile non importa nulla di queste cose
I can see that the reptile cares nothing for such things
Ha gusti bassi e non è gentile
It has low tastes and it is not kind
Ci sono andato ieri sera
I went there yesterday evening
la sera si era insinuato giù
in the evening it had crept down
e stava cercando di catturare i piccoli pesci maculati
and it was trying to catch the little speckled fishes
i pesciolini che giocano in piscina
the little fishes that play in the pool
e ho dovuto chiuderlo
and I had to clod it
per farlo salire di nuovo sull'albero
in order to make it go up the tree again
e poi li ha lasciati soli
and then it left them alone
Mi chiedo se è a questo che serve.
I wonder if that is what it is for?
Non ha un cuore?
Hasn't it any heart?
Non ha forse compassione per la piccola creatura?
Hasn't it any compassion for the little creature?
È stato progettato e realizzato per un lavoro così poco gentile?

was it designed and manufactured for such ungentle work?
Ha l'aspetto di essere fatto per cose stupide
It has the look of being made for silly things
Una delle zolle ha colpito la parte posteriore dell'orecchio
One of the clods hit the back of its ear
e ha usato il linguaggio, che mi ha dato un brivido
and it used language, which gave me a thrill
perché era la prima volta che sentivo parlare
for it was the first time I had ever heard speech
è stato il primo discorso che ho sentito tranne il mio
it was the first speech I heard except my own
Non ho capito le parole
I did not understand the words
ma le parole sembravano espressive
but the words seemed expressive

Quando ho scoperto che poteva parlare, ho sentito un nuovo interesse per esso.
When I found it could talk I felt a new interest in it
perché amo parlare più di ogni altra cosa
because I love to talk more than anything
Mi piace parlare tutto il giorno
I like to talk all day
e nel sonno parlo anch'io
and in my sleep I talk too
e sono molto interessante
and I am very interesting
ma se avessi un altro con cui parlare potrei essere due volte più interessante
but if I had another to talk to I could be twice as interesting
e non smetterei mai di parlare
and I would never stop talking

Se questo rettile è un uomo, non è un it, vero?
If this reptile is a man, it isn't an it, is it?
Non sarebbe grammaticale, vero?
That wouldn't be grammatical, would it?
Penso che sarebbe lui
I think it would be he
In tal caso si analizzerebbe così:
In that case one would parse it thus:
nominativo; Lui
nominative; he
dativo; lui
dative; him
possessivo; suo
possessive; his
Bene, lo considererò un uomo
Well, I will consider it a man
e lo chiamerò lui fino a quando non si rivelerà essere qualcos'altro
and I will call it he until it turns out to be something else
Questo sarà più comodo che avere così tante incertezze
This will be handier than having so many uncertainties

DOMENICA DELLA PROSSIMA SETTIMANA
NEXT WEEK SUNDAY

Per tutta la settimana ho taggato intorno a lui
All the week I tagged around after him
e ho cercato di conoscerlo
and I tried to get acquainted with him
Ho dovuto parlare perché era timido
I had to do the talking because he was shy
ma non mi dispiaceva parlare
but I didn't mind talking
Sembrava contento di avermi intorno
He seemed pleased to have me around
e ho usato molto il "noi" socievole
and I used the sociable 'we' a good deal
perché sembrava lusingarlo di essere incluso
because it seemed to flatter him to be included

MERCOLEDÌ - WEDNESDAY
Ora andiamo molto d'accordo
We are getting along very well now
e ci stiamo conoscendo sempre meglio
and we're getting better and better acquainted
Non cerca più di evitarmi, il che è un buon segno.
He does not try to avoid me any more, which is a good sign
e dimostra che gli piace avermi con lui, il che mi fa piacere
and it shows that he likes to have me with him, which pleases me
e studio per essergli utile
and I study to be useful to him
Voglio essere utile in ogni modo possibile
I want to be useful in every way I can
in modo da aumentare la sua stima di me
so as to increase his regard of me

Durante l'ultimo giorno o due
During the last day or two
Ho tolto tutto il lavoro di nominare le cose dalle sue mani
I have taken all the work of naming things off his hands
e questo è stato un grande sollievo per lui
and this has been a great relief to him
poiché non ha alcun dono in quella linea di lavoro
for he has no gift in that line of work
ed è evidentemente molto grato
and he is evidently very grateful
Non riesce a pensare a un nome razionale per salvarsi
He can't think of a rational name to save himself
ma non gli faccio vedere che sono consapevole del suo difetto
but I do not let him see that I am aware of his defect
Ogni volta che arriva una nuova creatura, la nomino.
Whenever a new creature comes along I name it
prima che abbia il tempo di esporsi con un silenzio imbarazzante
before he has time to expose himself by an awkward silence
In questo modo gli ho risparmiato molti imbarazzi.
In this way I have saved him many embarrassments
Non ho nessun difetto come questo
I have no defect like this
Nel momento in cui metto gli occhi su un animale so di cosa si tratta
The minute I set eyes on an animal I know what it is
Non devo riflettere nemmeno per un momento
I don't have to reflect even for a moment
Il nome giusto viene fuori all'istante
the right name comes out instantly
proprio come se fosse un'ispirazione
just as if it were an inspiration
Non ho dubbi che lo sia
I have no doubt it is
perché sono sicuro che non era in me mezzo minuto prima

because I am sure it wasn't in me half a minute before
Mi sembra di conoscere solo dalla forma della creatura
I seem to know just by the shape of the creature
e so dal modo in cui agisce che animale è
and I know from the way it acts what animal it is

Quando arrivò il dodo pensò che fosse un gatto selvatico.
When the dodo came along he thought it was a wildcat
L'ho visto nei suoi occhi
I saw it in his eyes
Ma l'ho salvato dall'imbarazzo
But I saved him from embarrassment
Sono stato attento a non farlo in un modo che potesse ferire

il suo orgoglio.
I was careful not to do it in a way that could hurt his pride
Ho appena parlato come se fossi piacevolmente sorpreso
I just spoke up as if pleasantly surprised
Non parlavo come se stessi sognando di trasmettere informazioni
I didn't speak as if I was dreaming of conveying information
"Beh, lo dichiaro, se non c'è il dodo!"
"Well, I do declare, if there isn't the dodo!"
Ho spiegato senza sembrare di spiegare
I explained without seeming to be explaining
Ho spiegato come sapevo che era un dodo
I explained how I knew it was a dodo
Ho pensato che forse era un po 'irritato
I thought maybe he was a little piqued
Conoscevo la creatura quando non lo conosceva.
I knew the creature when he didn't
ma era abbastanza evidente che mi ammirava
but it was quite evident that he admired me
È stato molto piacevole
That was very agreeable
e ci ho pensato più di una volta con gratificazione prima di dormire
and I thought of it more than once with gratification before I slept
Quanto poco una cosa può renderci felici
How little a thing can make us happy
Siamo felici quando sentiamo di essercelo guadagnato!
we're happy when we feel that we have earned it!

GIOVEDÌ - THURSDAY
Il mio primo dolore
my first sorrow
Ieri mi ha evitato
Yesterday he avoided me
e sembrava desiderare che non gli parlassi
and he seemed to wish I would not talk to him
Non potevo crederci
I could not believe it
e ho pensato che ci fosse qualche errore
and I thought there was some mistake
perché amavo stare con lui
because I loved to be with him
e amava sentirlo parlare

and loved to hear him talk
E quindi come poteva essere che potesse sentirsi scortese nei miei confronti?
and so how could it be that he could feel unkind toward me?
Non avevo fatto nulla di male
I had not done anything wrong
Ma sembrava vero, così sono andato via
But it seemed true, so I went away
e mi sedetti da solo nel luogo in cui lo vidi per la prima volta
and I sat lonely in the place where I first saw him
la mattina in cui siamo stati fatti
on the morning that we were made
quando non sapevo cosa fosse
when I did not know what he was
quando ero ancora indifferente a lui
when I was still indifferent about him
ma ora era un luogo luttuoso
but now it was a mournful place
e ogni piccola cosa parlava di lui
and every little thing spoke of him
e il mio cuore era molto dolorante
and my heart was very sore
Non sapevo davvero perché mi sentivo così
I did not really know why I was feeling like this
perché era una sensazione nuova
because it was a new feeling
Non l'avevo mai sperimentato prima
I had not experienced it before
ed era tutto un mistero per me
and it was all a mystery to me
e non riuscivo a dargli un senso
and I could not make sense of it

Ma quando venne la notte non potei sopportare la solitudine
But when night came I could not bear the lonesomeness
Andai al nuovo rifugio che aveva costruito.
I went to the new shelter which he had built
Andai a chiedergli cosa avessi fatto di sbagliato
I went to ask him what I had done that was wrong
e volevo sapere come potevo ripararlo
and I wanted to know how I could mend it
Volevo riavere di nuovo la sua gentilezza

I wanted to get back his kindness again
ma mi ha messo fuori sotto la pioggia
but he put me out in the rain
ed è stato il mio primo dolore
and it was my first sorrow

DOMENICA - SUNDAY
È di nuovo piacevole e ora sono felice
It is pleasant again and now I am happy
ma quelli erano giorni pesanti
but those were heavy days
Non penso a quei giorni in cui posso aiutarlo
I do not think of those days when I can help it

Ho cercato di procurargli alcune di quelle mele
I tried to get him some of those apples
ma non posso imparare a tirare dritto
but I cannot learn to throw straight
Ho fallito, ma penso che la buona intenzione gli sia piaciuta
I failed, but I think the good intention pleased him
Sono vietati
They are forbidden
e dice che verrei a nuocere se ne mangiassi uno
and he says I would come to harm if I ate one
ma poi sarei venuto a nuocere compiacendolo
but then I would come to harm through pleasing him
perché dovrei prendermi cura di quel danno?
why should I care for that harm?
LUNEDÌ
MONDAY
Stamattina gli ho detto il mio nome
This morning I told him my name
Speravo che lo avrebbe interessato
I hoped it would interest him
Ma non gli importava, il che è strano.
But he did not care for it, which is strange
Se mi dicesse il suo nome mi interesserebbe
If he should tell me his name I would care
Penso che sarebbe più piacevole nelle mie orecchie di qualsiasi altro suono
I think it would be pleasanter in my ears than any other sound

Parla pochissimo
He talks very little
Forse è perché non è brillante
Perhaps it is because he is not bright
e forse è sensibile al suo intelletto
and maybe he is sensitive about his intellect
potrebbe essere che voglia nasconderlo
it could be that he wishes to conceal it
È un vero peccato che si senta in questo modo
It is such a pity that he should feel this way
perché l'intelligenza non è nulla
because intelligence is nothing
È nel cuore che risiedono i valori

it is in the heart that the values lie
Vorrei potergli far capire
I wish I could make him understand
Un buon cuore amorevole è ricchezza
a loving good heart is riches
L'intelletto senza un buon cuore è povertà
intellect without a good heart is poverty
Anche se parla così poco, ha un vocabolario piuttosto considerevole
Although he talks so little, he has quite a considerable vocabulary
Questa mattina ha usato una parola sorprendentemente buona
This morning he used a surprisingly good word
Evidentemente riconobbe che era una buona scelta.
He evidently recognized that it was a good one
perché si è assicurato di usare la parola un altro paio di volte
because he made sure to use the word a couple more times
ha dimostrato che possiede una certa qualità di percezione
it showed that he possesses a certain quality of perception
Senza dubbio che il seme può essere fatto crescere, se coltivato
Without a doubt that seed can be made to grow, if cultivated
Da dove ha preso quella parola?
Where did he get that word?
Non credo di aver mai usato quella parola
I do not think I have ever used that word
No, non si interessò al mio nome
No, he took no interest in my name
Ho cercato di nascondere la mia delusione
I tried to hide my disappointment
ma suppongo di non esserci riuscito
but I suppose I did not succeed
Andai via e mi sedetti sulla riva del muschio

I went away and sat on the moss-bank
e metto i piedi nell'acqua
and I put my feet into the water
È dove vado quando ho fame di compagnia
It is where I go when I hunger for companionship
quando voglio che qualcuno guardi
when I want someone to look at
quando voglio che qualcuno parli con cui parlare
when I want someone to talk to
il bel corpo bianco dipinto in piscina non è abbastanza
the lovely white body painted in the pool is not enough
ma è qualcosa, almeno
but it is something, at least

e qualcosa è meglio della solitudine totale
and something is better than utter loneliness
Parla quando parlo io
It talks when I talk
è triste quando sono triste
it is sad when I am sad
Mi conforta con la sua simpatia
it comforts me with its sympathy
dice: "Non scoraggiarti, povera ragazza senza amici"
it says, "Do not be downhearted, you poor friendless girl"
"Sarò tuo amico"
"I will be your friend"
È un buon amico per me
It is a good friend to me
è la mia unica amica e mia sorella
it is my only friend and my sister

Non dimenticherò mai la prima volta che mi ha abbandonato!
I shall never forget first time she forsook me!
Il mio cuore era pesante nel mio corpo!
My heart was heavy in my body!
Dissi: "Lei era tutto ciò che avevo"

I said, "She was all I had"
"E ora se n'è andata!"
"and now she is gone!"
Nella mia disperazione ho detto "Spezza, il mio cuore"
In my despair I said "Break, my heart"
"Non posso più sopportare la mia vita!"
"I cannot bear my life any more!"
e ho nascosto la mia faccia tra le mani
and I hid my face in my hands
e non c'era conforto per me
and there was no solace for me
E quando ho tolto le mani dal mio viso
And when I took my hands away from my face
E dopo un po', eccola di nuovo lì.
and after a little, there she was again
bianco e splendente e bello
white and shining and beautiful
e io balzò tra le sue braccia
and I sprang into her arms

Era una felicità perfetta
That was perfect happiness
Avevo conosciuto la felicità prima, ma non era così
I had known happiness before, but it was not like this
Questa felicità era estasi
this happiness was ecstasy
Non ho mai dubitato di lei in seguito
I never doubted her afterwards
A volte stava lontana forse per un'ora
Sometimes she stayed away for perhaps an hour
forse è stata via quasi tutto il giorno
maybe she was gone almost the whole day
ma ho aspettato e non ho dubitato del suo ritorno
but I waited and I did not doubt her return
Ho detto: "È occupata" o "è partita per un viaggio"
I said, "She is busy" or "she is gone on a journey"
ma so che tornerà, e lo ha sempre fatto
but I know she will come back, and she always did
Di notte non sarebbe venuta se fosse stato buio
At night she would not come if it was dark
perché era una piccola cosa timida
because she was a timid little thing
ma se ci fosse stata una luna sarebbe venuta
but if there was a moon she would come
Non ho paura del buio
I am not afraid of the dark
ma lei è più giovane di me
but she is younger than I am
è nata dopo che ero
she was born after I was
Molte e molte sono le visite che le ho fatto
Many and many are the visits I have paid her
Lei è il mio conforto e rifugio quando la mia vita è dura
she is my comfort and refuge when my life is hard
e la mia vita è fatta principalmente di momenti difficili
and my life is mainly made from hard moments

MARTEDÌ - TUESDAY

Tutta la mattina ero al lavoro per migliorare la tenuta
All the morning I was at work improving the estate
e mi tenni volutamente lontano da lui
and I purposely kept away from him
nella speranza che si sentisse solo e venisse
in the hope that he would get lonely and come
Ma non è venuto da me
But he did not come to me
A mezzogiorno mi sono fermato per la giornata
At noon I stopped for the day
e ho preso la mia ricreazione
and I took my recreation
Ho svolazzato con le api e le farfalle
I flitted about with the bees and the butterflies
e mi sono divertito nei fiori
and I revelled in the flowers
quelle belle piccole creature felici
those beautiful happy little creatures
colgono il sorriso di Dio dal cielo
they catch the smile of God out of the sky
e conservano il sorriso!
and they preserve the smile!
Li ho raccolti e li ho trasformati in ghirlande
I gathered them and made them into wreaths
e mi sono vestito di fiori
and I clothed myself in flowers
Ho mangiato il mio pranzo; mele
I ate my luncheon; apples
Naturalmente,; poi mi sono seduto all'ombra
of course; then I sat in the shade
e ho desiderato e aspettato
and I wished and waited
Ma non è venuto
But he did not come

Ma non è una perdita
But it is of no loss
Non ne sarebbe venuto fuori nulla
Nothing would have come of it
perché non si cura dei fiori
because he does not care for flowers
Li chiamava spazzatura
He called them rubbish
e non può distinguere l'uno dall'altro
and he cannot tell one from another
e pensa che sia superiore sentirsi così
and he thinks it is superior to feel like that
Non si cura di me, fiori

He does not care for me, flowers
né gli importa del cielo dipinto la sera
nor does he care for the painted sky in the evening
C'è qualcosa di cui si preoccupa?
is there anything he does care for?
Non gli importa di nulla se non di costruire baracche
he cares for nothing except building shacks
Li costruisce per rinchiudersi
he builds them to coop himself up
ma è lontano dalla buona pioggia pulita
but he's away from the good clean rain
e non assaggia i frutti
and he does not sample the fruits

Ho steso un bastone asciutto a terra
I laid a dry stick on the ground
e ho provato a bucarlo con un altro
and I tried to bore a hole in it with another one
al fine di realizzare uno schema che avevo
in order to carry out a scheme that I had
e presto ebbi un terribile spavento
and soon I got an awful fright
Una sottile pellicola bluastra trasparente uscì dal buco
A thin, transparent bluish film rose out of the hole
e ho mollato tutto e sono corso
and I dropped everything and ran
Ho pensato che fosse uno spirito
I thought it was a spirit
ed ero così spaventato!
and I was so frightened!
Ma mi guardai indietro e non stava arrivando;
But I looked back and it was not coming;
così mi appoggiai ad una roccia
so I leaned against a rock
e mi riposavo e ansimavo
and I rested and panted
e lasciai che le mie membra continuassero a tremare
and I let my limbs go on trembling
Finalmente erano di nuovo stabili
finally they were steady again
poi strisciai cautamente indietro
then I crept warily back
Ero vigile, attento e pronto a volare
I was alert, watching, and ready to fly
Correrei se ci fosse occasione
I would run if there was occasion
quando fui vicino separai i rami di un cespuglio di rose
when I was near I parted the branches of a rose-bush
e ho sbirciato attraverso il cespuglio di rose
and I peeped through the rose-bush

e avrei voluto che l'uomo fosse circa
and I wished the man was about
Sembravo così astuta e carina
I was looking so cunning and pretty
ma lo spirito era scomparso
but the spirit was gone
Sono andato dove c'era lo spirito
I went where the spirit was
c'era un pizzico di delicata polvere rosa nel buco
there was a pinch of delicate pink dust in the hole
Ho messo il dito dentro per sentirlo
I put my finger in to feel it
e ho detto "ahi!"
and I said "ouch!"
e l'ho tolto di nuovo
and I took it out again
Era un dolore crudele
It was a cruel pain
Mi metto il dito in bocca
I put my finger in my mouth
Rimasi in piedi su un piede e poi sull'altro, grugnindo
I stood on one foot and then the other, grunting
Ho subito alleviato la mia miseria
I presently eased my misery
poi ero pieno di interesse e ho iniziato ad esaminare
then I was full of interest and I began to examine

Ero curioso di sapere cosa fosse la polvere rosa
I was curious to know what the pink dust was
All'improvviso mi venne in mente il nome
Suddenly the name of it occurred to me
Non ne avevo mai sentito parlare prima
I had never heard of it before
ma sapevo che era FUOCO!
but I knew it was FIRE!
Ne ero altrettanto certo
I was as certain of it
certo come una persona potrebbe essere di qualsiasi cosa al mondo
as certain as a person could be of anything in the world
Così, senza esitazione, l'ho chiamato così: fuoco
So without hesitation I named it that — fire

Avevo creato qualcosa che prima non esisteva
I had created something that didn't exist before
Avevo aggiunto una cosa nuova al mondo
I had added a new thing to the world
Questo mondo pieno di innumerevoli fenomeni
this world full of uncountable phenomena
L'ho capito ed ero orgoglioso del mio successo
I realized this and I was proud of my achievement
e stava per correre a cercarlo
and was going to run and find him
Volevo parlargliene
I wanted tell him about it
Ho pensato che avrebbe potuto elevarmi nella sua stima

I thought it might raise myself in his esteem
ma ci ho riflettuto
but I reflected on it
e non l'ho fatto
and I did not do it
No, non gli importerebbe
No, he would not care for it
Chiedeva a cosa servisse
He would ask what it was good for
e cosa potrei rispondere?
and what could I answer?
non era buono per qualcosa, era semplicemente bello
it was not good for something, it was merely beautiful

Così ho sospirato, e non sono andato
So I sighed, and I did not go
Perché non era buono per niente
Because it wasn't good for anything
non poteva costruire una baracca
it could not build a shack
non poteva migliorare il melone
it could not improve melon
non poteva affrettare un raccolto di frutta
it could not hurry a fruit crop
era vanità inutile e sciocca
it was useless and foolish vanity
lo disprezzava e diceva parole taglienti
he would despise it and say cutting words
Ma per me non era spregevole
But to me it was not despicable
Ho detto: "Oh, tu fuoco, ti amo"
I said, "Oh, you fire, I love you"
"sei una delicata creatura rosa, sei BELLISSIMA"
"you dainty pink creature, you are BEAUTIFUL"
"Ed essere belli basta!"
"and being beautiful is enough!"
e stavo per raccoglierlo al mio petto, ma mi trattenni
and I was going to gather it to my breast, but refrained
Poi ho pensato a un'altra massima
Then I thought of another maxim
era molto simile al primo
it was very similar to the first one
Temevo che fosse un plagio
I was afraid it was a plagiarism
"L'ESPERIMENTO BRUCIATO EVITA IL FUOCO"
"THE BURNT EXPERIMENT SHUNS THE FIRE"
Ho ripetuto il mio esperimento
I repeated my experiment
Avevo fatto una buona dose di polvere di fuoco
I had made a good deal of fire-dust

e l'ho svuotato in una manciata di erba marrone secca
and I emptied it into a handful of dry brown grass
Avevo intenzione di portarlo a casa
I was intending to carry it home
e volevo tenerlo e giocarci
and I wanted to keep it and play with it
ma il vento lo colpì e si spruzzò
but the wind struck it and it sprayed up
e mi ha sputato addosso ferocemente
and it spat out at me fiercely
e l'ho lasciato cadere e sono corso
and I dropped it and ran
Quando mi guardai indietro, lo spirito blu si stava alzando
When I looked back the blue spirit was towering up
e si allungava e rotolava via come una nuvola
and it was stretching and rolling away like a cloud
e subito ho pensato al suo nome: FUMO!
and instantly I thought of the name of it — SMOKE!
e sulla mia parola, non avevo mai sentito parlare di fumo prima
and upon my word, I had never heard of smoke before

Presto brillanti razzi gialli e rossi si alzarono
Soon brilliant yellow and red flares shot up
Hanno sparato attraverso il fumo
they shot up through the smoke
e li ho nominati in un istante — FIAMME
and I named them in an instant — FLAMES
E avevo ragione anche su questo
and I was right about this too
anche se queste erano le primissime fiamme che ci fossero mai state
even though these were the very first flames there had ever been
Si arrampicarono sugli alberi e lampeggiarono splendidamente
They climbed the trees and they flashed splendidly
c'era un volume crescente di fumo tumultuoso
there was increasing volume of tumbling smoke
e le fiamme danzavano dentro e fuori dal fumo
and the flames danced in and out of the smoke
e ho dovuto battere le mani e ridere e ballare
and I had to clap my hands and laugh and dance
Era così nuovo e strano
it was so new and strange
ed è stato così meraviglioso e bello!
and it was so wonderful and beautiful!

Arrivò correndo, e si fermò a guardare
He came running, and he stopped and gazed
Non disse una parola per molti minuti
he said not a word for many minutes
Poi chiese cosa fosse
Then he asked what it was
È un peccato che abbia fatto una domanda così diretta
it a shame he asked such a direct question

Dovevo rispondere, ovviamente, e l'ho fatto
I had to answer it, of course, and I did
se lo infastidiva, cosa potevo fare?
if it annoyed him, what could I do?
non è colpa mia se sapevo cosa fosse
it's not my fault that I knew what it was
Ho detto che era fuoco
I said it was fire
Non avevo alcun desiderio di infastidirlo
I had no desire to annoy him
Dopo una pausa chiese: "Come è venuto?"
After a pause he asked: "How did it come?"
Anche questa domanda doveva avere una risposta diretta.
this question also had to have a direct answer
"Ce l'ho fatta" risposi
"I made it" I answered
Il fuoco viaggiava sempre più lontano
The fire was travelling farther and farther away
Andò ai margini del luogo bruciato
He went to the edge of the burned place
e si fermò a guardarlo dall'alto in basso
and he stood looking down at it
e lui disse: "Che cosa sono questi?"
and he said: "What are these?"
Gli ho detto che erano carboni ardenti
I told him they were fire-coals
Ne raccolse uno per esaminarlo
He picked up one to examine it
Ma cambiò idea e la mise giù di nuovo.
but he changed his mind and put it down again
Poi se n'è andato
Then he went away
NULLA gli interessa
NOTHING interests him

Ma ero interessato
But I was interested
C'erano cenere, grigia e morbida e delicata e graziosa
There were ashes, gray and soft and delicate and pretty
Ho capito subito cosa erano
I knew what they were straight away
E le braci; Conoscevo anche le braci
And the embers; I knew the embers, too
Ho trovato le mie mele e le ho rastrellate
I found my apples and I raked them out
e sono stato contento perché sono molto giovane
and I was glad because I am very young
quindi il mio appetito è ancora molto attivo

so my appetite is still very active
Ma sono rimasto deluso dall'esperimento
But I was disappointed by the experiment
perché tutte le mele sono state aperte e rovinate
because all the apples were burst open and spoiled
almeno, pensavo che fossero viziati
at least, I thought they were spoiled
ma in realtà non erano viziati
but they were not actually spoiled
erano migliori di quelli crudi
they were better than raw ones
Il fuoco è bello e un giorno sarà utile, penso
Fire is beautiful and some day it will be useful, I think

VENERDÌ - FRIDAY

L'ho rivisto, per un attimo
I saw him again, for a moment
ultimo lunedì al calar della notte, ma solo per un attimo
last Monday at nightfall, but only for a moment
Speravo che mi avrebbe elogiato per aver cercato di migliorare la tenuta
I was hoping he would praise me for trying to improve the estate
perché avevo buone intenzioni e avevo lavorato sodo
because I had meant well and had worked hard
Ma lui non era contento e si allontanò e mi lasciò
But he was not pleased and he turned away and left me
Era anche scontento per un altro motivo.
He was also displeased on another account
Ho cercato di convincerlo a smettere di andare oltre le cascate d'acqua
I tried to persuade him to stop going over the water falls
Il fuoco mi aveva rivelato una nuova sensazione
the fire had revealed to me a new feeling
Questa sensazione era abbastanza nuova
this feeling was quite new
Sembrava nettamente diverso dall'amore o dal dolore.
it felt distinctly different from love or grief
ed era diverso dalle altre passioni che avevo scoperto
and it was different from the other passions I had discovered
questa nuova sensazione era PAURA ed è orribile!
this new feeling was FEAR and it is horrible!
Vorrei non averlo mai scoperto
I wish I had never discovered it
Mi regala momenti bui e rovina la mia felicità
it gives me dark moments and spoils my happiness
mi fa rabbrividire, tremare e rabbrividire
it makes me shiver and tremble and shudder
Ma non riuscivo a persuaderlo
But I could not persuade him

Non ha ancora scoperto la paura
he has not discovered fear yet
così non poteva capirmi
so he could not understand me

- Estratto dal Diario di Adamo -
- Extract from Adam's Diary -

Forse dovrei ricordare che è molto giovane
Perhaps I ought to remember that she is very young
è ancora solo una semplice ragazza
she is still but a mere girl
e dovrei fare delle concessioni
and I should make allowances
Lei è tutta interesse, entusiasmo, vivacità
She is all interest, eagerness, vivacity
trova il mondo infinitamente affascinante
she finds the world endlessly charming
una meraviglia, un mistero, una gioia
a wonder, a mystery, a joy
Non può parlare per la gioia quando trova un nuovo fiore
she can't speak for delight when she finds a new flower
deve accarezzarlo e accarezzarlo
she must pet it and caress it
e lei deve annusarlo e parlargli

and she has to smell it and talk to it
e lei riversa nomi accattivanti su di esso
and she pours out endearing names upon it
Ed è pazza per i colori; rocce marroni, sabbia gialla
And she is color-mad; brown rocks, yellow sand
muschio grigio, fogliame verde, cielo blu, la perla dell'alba
gray moss, green foliage, blue sky, the pearl of the dawn
Le ombre viola sulle montagne
the purple shadows on the mountains
Le isole d'oro che galleggiano in mari cremisi al tramonto
the golden islands floating in crimson seas at sunset
La pallida luna che naviga attraverso il rack di nuvole triturato
the pallid moon sailing through the shredded cloud-rack
I gioielli stellari scintillanti nei rifiuti dello spazio
the star-jewels glittering in the wastes of space
Nessuno di questi nomi ha alcun valore pratico
none of these names are of any practical value
non c'è valore in loro per quanto posso vedere
there's no value in them as far as I can see
ma hanno colore e maestosità
but they have color and majesty
e questo è abbastanza per lei
and that is enough for her
e lei perde la testa su di loro
and she loses her mind over them
Se solo potesse calmarsi un po'
If only she could quiet down a little
Vorrei che rimanesse ferma un paio di minuti alla volta
I wish she kept still a couple minutes at a time
sarebbe uno spettacolo riposante
it would be a reposeful spectacle
In quel caso penso che potrei divertirmi a guardarla
In that case I think I could enjoy looking at her
anzi, sono sicuro che potrei godermi la sua compagnia
indeed, I am sure I could enjoy her company

Sto arrivando a rendermi conto che è una creatura piuttosto notevole
I am coming to realize that she is a quite remarkable creature
Flessuoso, snello, rifinito, arrotondato
lithe, slender, trim, rounded
formoso, agile, aggraziato
shapely, nimble, graceful
e una volta era bianca come il marmo
and once she was standing as white as marble
Era su un masso e inzuppata di sole
she was on a boulder, and drenched in the sun
stava in piedi con la sua giovane testa inclinata all'indietro
she stood with her young head tilted back
e la sua mano le ombreggiava gli occhi
and her hand was shading her eyes
Stava guardando il volo di un uccello nel cielo
she was watching the flight of a bird in the sky
Riconobbi che era bella
I recognized that she was beautiful

LUNEDÌ MEZZOGIORNO
MONDAY NOON

C'è qualcosa che non le interessa?
Is there anything that she is not interested in?
Se c'è qualcosa, non è nella mia lista
if there is something, it is not in my list
Ci sono animali a cui sono indifferente
There are animals that I am indifferent to
ma non è così con lei
but it is not so with her
Non ha discriminazioni
She has no discrimination
porta a tutti gli animali
she takes to all the animals
pensa che siano tutti tesori
she thinks they are all treasures
Ogni nuovo animale è il benvenuto
every new animal is welcome

Prendi il possente brontosauro come esempio
take the mighty brontosaurus as an example
Lo considerava un'acquisizione
she regarded it as an acquisition
L'ho considerata una calamità
I considered it a calamity
Questo è un buon esempio della mancanza di armonia
that is a good sample of the lack of harmony
una mancanza di armonia tra le nostre visioni delle cose
a lack of harmony between our views of things
Voleva addomesticarlo
She wanted to domesticate it
Volevo dargli la casa e trasferirmi
I wanted to give it the house and move out
Credeva che potesse essere domato con un trattamento gentile
She believed it could be tamed by kind treatment
e pensava che sarebbe stato un buon animale domestico
and she thought it would be a good pet
Ho cercato di convincerla del contrario
I tried to convince her otherwise
Un animale domestico alto ventuno piedi non è una cosa da avere a casa
a pet twenty-one feet high is no thing to have at home
Anche con le migliori intenzioni potrebbe sedersi in casa
even with the best intentions it could sit down on the house
non dovrebbe significare alcun danno
it wouldn't have to mean any harm
ma potrebbe ancora schiacciare la casa abbastanza facilmente
but it could still mash the house quite easily
perché chiunque poteva vedere che era distratto
for anyone could see that it was absent-minded
perché aveva un vuoto dietro gli occhi
because it had an emptiness behind its eyes
Tuttavia, il suo cuore era deciso ad avere quel mostro

Still, her heart was set upon having that monster
e non poteva rinunciarvi
and she couldn't give it up
Pensava che avremmo potuto iniziare un caseificio con esso.
She thought we could start a dairy with it
e voleva che aiutassi a mungere
and she wanted me to help milk it
ma non lo mungerei
but I wouldn't milk it
era troppo rischioso
it was too risky
Anche il sesso non era adatto per la mungitura
The sex wasn't right for milking either
e comunque non avevamo una scala
and we didn't have a ladder anyway
Poi ha voluto cavalcarlo
Then she wanted to ride it
Pensava che avrebbe avuto una visione migliore del paesaggio
she thought she would get a better view of the scenery
Trenta o quaranta piedi della sua coda giaceva a terra
Thirty or forty feet of its tail was lying on the ground
aveva tutte le dimensioni di un albero caduto
it had all the size of a fallen tree
e pensava di poterlo scalare
and she thought she could climb it
ma si sbagliava
but she was mistaken
Quando è arrivata al posto ripido era troppo liscio
when she got to the steep place it was too slick
e lei tornò scivolando giù
and she came sliding back down
Si sarebbe fatta male se non fosse stato per me
she would have hurt herself if it wasn't for me

Era soddisfatta ora? No
Was she satisfied now? No
Niente la soddisfa mai se non la dimostrazione
Nothing ever satisfies her but demonstration
Non ha tenuto le teorie non testate a lungo
she didn't keep theories untested for long
È lo spirito giusto, lo ammetto
It is the right spirit, I concede
è ciò che mi attrae di lei
it is what attracts me to her

Ne sento l'influenza
I feel the influence of it
se fossi con lei di più penso che diventerei più avventuroso
if I were with her more I think I would become more adventurous
Bene, aveva ancora una teoria su questo colosso
Well, she had one theory remaining about this colossus
Pensava che se fossimo riusciti a domarlo avremmo potuto stare nel fiume.
she thought that if we could tame it we could stand in the river
Se lo facessimo nostro amico potremmo usarlo come ponte
if we made him our friend we could use him as a bridge
Si è scoperto che era già abbastanza mansueto
It turned out that he was already plenty tame enough
era abbastanza mansueto per quanto la riguardava.
he was tame enough as far as she was concerned
Così ha provato la sua teoria, ma ha fallito
so she tried her theory, but it failed
Lo fece collocare correttamente nel fiume
she got him properly placed in the river
e lei scese a terra per attraversarlo
and she went ashore to cross over him
ma lui uscì e la seguì in giro
but he came out and followed her around
come una montagna di animali domestici
like a pet mountain
Come gli altri animali
Like the other animals
Lo fanno tutti
They all do that

- Diario di Eva -
- Eve's Diary –

Martedì, mercoledì, giovedì e oggi:
Tuesday, Wednesday, Thursday, and today:
Non l'ho visto nessuno di questi giorni
I didn't see him any of these days
È molto tempo per stare da soli
It is a long time to be alone
Tuttavia, è meglio essere soli che sgraditi
still, it is better to be alone than unwelcome

VENERDÌ - FRIDAY
DOVEVO avere compagnia
I HAD to have company
Sono stato fatto per avere compagnia, penso
I was made for having company, I think
così ho fatto amicizia con gli animali
so I made friends with the animals
Sono così affascinanti
They are just so charming
e hanno l'indole più gentile
and they have the kindest disposition
e hanno i modi più educati
and they have the politest ways
non sembrano mai aspri o ti fanno sentire che ti stai intromettendo
they never look sour or let you feel that you are intruding
ti sorridono e scodinzolano
they smile at you and wag their tail
Almeno, scodinzolano la loro storia se ne hanno uno.
at least, they wag their tale if they've got one
e sono sempre pronti per un gioco o un'escursione
and they are always ready for a romp or an excursion
sono pronti a tutto ciò che vuoi proporre
they're ready for anything you want to propose
Penso che siano perfetti gentiluomini
I think they are perfect gentlemen
In tutti questi giorni abbiamo avuto momenti così belli
All these days we have had such good times
E non è mai stato solo per me, mai
and it hasn't been lonesome for me, ever

Solitario? No, dovrei dire di no
Lonesome? No, I should say not
C'è sempre uno sciame di loro in giro
there's always a swarm of them around
a volte fino a quattro o cinque acri
sometimes as much as four or five acres
Quando ti trovi su una roccia puoi vederli per chilometri
when you stand on a rock you can see them for miles
sono chiazzati e schizzati e gay di colore
they are mottled and splashed and gay with color
e c'è una lucentezza vivace e un lampo di sole
and there's a frisking sheen and sun-flash
e il paesaggio è così increspato di strisce
and the landscape is so rippled with stripes

Potresti pensare che fosse un lago
you might think it was a lake
ma sai che non è affatto un lago
but you know it isn't a lake at all
e ci sono tempeste di uccelli socievoli
and there are storms of sociable birds
e ci sono uragani di ali rotanti
and there are hurricanes of whirring wings
e il sole colpisce tutto quel trambusto piumato
and the sun strikes all that feathery commotion
puoi vedere una fiammata di tutti i colori che ti vengono in mente
you can see a blazing up of all the colors you can think of
abbastanza colori per mettere gli occhi fuori
enough colours to put your eyes out

Abbiamo fatto lunghe escursioni
We have made long excursions
e ho visto molto del mondo
and I have seen a great deal of the world
Penso di averlo visto quasi tutto
I think I've seen almost all of it
Devo essere il primo viaggiatore
I must be first traveler
e io sono l'unico viaggiatore
and I am the only traveller
Quando siamo in marcia, è uno spettacolo imponente
When we are on the march, it is an imposing sight
Non c'è niente di simile da nessuna parte
there's nothing like it anywhere
Per comodità cavalco una tigre o un leopardo
For comfort I ride a tiger or a leopard
perché sono morbidi e hanno il dorso rotondo che mi sta bene
because they are soft and have round backs that fit me
e perché sono animali così belli
and because they are such pretty animals
ma per lunghe distanze, o per paesaggio, cavalco l'elefante
but for long distance, or for scenery, I ride the elephant
Mi solleva con il suo tronco
He hoists me up with his trunk
ma posso scendere da solo
but I can get off myself
Quando siamo pronti per accamparci, si siede
when we are ready to camp he sits
e scivoli giù dalla sua schiena
and I slide down off his back

Gli uccelli e gli animali sono tutti amichevoli l'uno con l'altro
The birds and animals are all friendly to each other
e non ci sono controversie su nulla
and there are no disputes about anything
Parlano tutti tra loro e con me
They all talk with each other and to me
ma deve essere una lingua straniera
but it must be a foreign language
perché non riesco a distinguere una parola che dicono
because I cannot make out a word they say
eppure spesso mi capiscono quando rispondo
yet they often understand me when I talk back
Il cane e l'elefante mi capiscono particolarmente bene

the dog and the elephant understand me particularly well
Mi fa vergognare
It makes me ashamed
Dimostra che sono più intelligenti di me
It shows that they are more intelligent than I am
ma voglio essere l'esperimento principale
but I want to be the main experiment
e intendo essere l'esperimento principale
and I intend to be the main experiment
Ho imparato un certo numero di cose
I have learned a number of things
e sono istruito, ora
and I am educated, now
ma all'inizio non ero istruito
but I wasn't educated at first
All'inizio ero ignorante
I was ignorant at first
All'inizio mi infastidiva
At first it used to vex me
perché non sono mai stato abbastanza intelligente
because I was never smart enough
Non ero abbastanza intelligente nonostante quanto osservassi
I wasn't smart enough despite how much I observed
Non ero mai in giro quando l'acqua scorreva in salita
I was never around when the water was running uphill
ma ora non mi dispiace
but now I do not mind it
Ho sperimentato e sperimentato
I have experimented and experimented
So che non corre mai in salita, tranne che al buio
I know it never runs uphill, except in the dark
So che corre in salita quando è buio
I know it does run uphill when it is dark
perché la piscina non si asciuga mai
because the pool never goes dry

si prosciugherebbe se l'acqua non tornasse nella notte
it would dry up if the water didn't come back in the night
È meglio dimostrare le cose con esperimenti reali
It is best to prove things by actual experiment
se fai un esperimento allora SAI
if you do an experiment then you KNOW
mentre se dipendi dall'indovinare non vieni mai istruito
whereas if you depend on guessing you never get educated

Anche pensare alle cose non è sufficiente
thinking about things is not enough either
Alcune cose che NON puoi scoprire
Some things you CAN'T find out
Ma non saprai mai che non puoi indovinare e supporre:
but you will never know you can't by guessing and supposing:
No, devi essere paziente e continuare a sperimentare
no, you have to be patient and go on experimenting
fino a quando non scopri che non puoi scoprirlo
until you find out that you can't find out
Ed è delizioso averlo in questo modo
And it is delightful to have it that way
rende il mondo così interessante
it makes the world so interesting
Se non ci fosse nulla da scoprire, sarebbe noioso
If there wasn't anything to find out, it would be dull
Anche non scoprirlo è altrettanto interessante
Even not finding out is just as interesting
A volte non scoprire è interessante quanto scoprire
sometimes not finding out is as interesting as finding out
Il segreto dell'acqua era un tesoro fino a quando non l'ho ottenuto
The secret of the water was a treasure until I got it
poi l'eccitazione è andata via
then the excitement all went away
e ho riconosciuto un senso di perdita
and I recognized a sense of loss

Per esperimento so che il legno nuota
By experiment I know that wood swims
Anche foglie secche, piume e altre cose galleggiano
dry leaves, feathers, and other things float too
così puoi sapere che una roccia può nuotare
so you can know that a rock can swim
perché hai raccolto prove cumulative
because you've collected cumulative evidence
ma devi sopportare semplicemente di saperlo
but you have to put up with simply knowing it
perché non c'è modo di dimostrarlo
because there isn't any way to prove it
almeno fino ad ora non c'è modo di dimostrarlo

at least up until now there's no way to prove it
Ma troverò un modo
But I shall find a way
allora quell'eccitazione se ne andrà
then that excitement will go
Queste cose mi rendono triste
Such things make me sad
a poco a poco arriverò a sapere tutto
by and by I will come to know everything
e poi non ci sarà più eccitazione
and then there won't be any more excitement
e amo così tanto le emozioni!
and I do love excitements so much!
L'altra notte non riuscivo a dormire
The other night I couldn't sleep
Ci stavo pensando così tanto
I was thinking so much about it

All'inizio non riuscivo a stabilire per cosa fossi fatto
At first I couldn't establish what I was made for
ma ora penso di sapere per cosa sono stato fatto
but now I think I know what I was made for
Sono stato fatto per cercare i segreti di questo mondo meraviglioso
I was made to search out the secrets of this wonderful world
e sono fatto per essere felice
and I am made to be happy
Penso che il Datore di tutto questo per averlo ideato
I think the Giver of it all for devising it
Penso che ci siano ancora molte cose da imparare
I think there are still many things to learn
e spero che ci sarà sempre altro da imparare
and I hope there will always be more to learn
non avendo fretta troppo in fretta penso che dureranno settimane e settimane
by not hurrying too fast I think they will last weeks and weeks
Spero di avere ancora tanto da scoprire
I hope I have so much left to discover
Quando lanci una piuma, naviga via nell'aria
When you cast up a feather it sails away on the air
e poi scompare dalla vista
and then it goes out of sight
Quando vomitate una zolla non si comporta come una piuma
when you throw up a clod it doesn't act like a feather
Scende, ogni volta
It comes down, every time
L'ho provato e provato
I have tried it and tried it
ed è sempre così
and it is always this way
Mi chiedo perché sia
I wonder why it is
Certo che NON viene giù

Of course it DOESN'T come down
ma perché SEMBRA scendere?
but why does it SEEM to come down?
Suppongo che sia un'illusione ottica
I suppose it is an optical illusion
Voglio dire, uno di loro è un'illusione ottica
I mean, one of them is an optical illusion
Non so quale sia un'illusione ottica
I don't know which one is an optical illusion
Può essere la piuma, può essere la zolla
It may be the feather, it may be the clod
Non posso dimostrare quale sia
I can't prove which it is
Posso solo dimostrare che l'uno o l'altro è un falso
I can only demonstrate that one or the other is a fake
e ti lascio fare la tua scelta
and I let you take your choice

Guardando, so che le stelle non dureranno
By watching, I know that the stars are not going to last
Ho visto alcuni dei migliori sciogliersi
I have seen some of the best ones melt
e poi corsero giù per il cielo
and then they ran down the sky
Dal momento che uno può sciogliersi, tutti possono sciogliersi
Since one can melt, they can all melt
Dal momento che possono sciogliersi tutti, possono sciogliersi tutti la stessa notte
since they can all melt, they can all melt the same night
Quel dolore verrà, lo so
That sorrow will come, I know it
Intendo sedermi ogni sera e guardarli
I mean to sit up every night and look at them
finché posso stare sveglio
as long as I can keep awake
e imprimerò quei campi scintillanti nella mia memoria
and I will impress those sparkling fields on my memory
in modo che io possa con la mia fantasia ripristinare quelle adorabili miriadi
so that I can by my fancy restore those lovely myriads
poi posso rimetterli nel cielo nero, quando saranno portati via
then I can put them back into the black sky, when they are taken away
e posso farli brillare di nuovo
and I can make them sparkle again
e posso raddoppiarli con la sfocatura delle mie lacrime
and I can double them by the blur of my tears

- **Dopo la caduta** -
- After the Fall –

Quando guardo indietro, il Giardino è un sogno per me
When I look back, the Garden is a dream to me
Era bellissimo, straordinariamente bello, incantevolmente bello
It was beautiful, surpassingly beautiful, enchantingly beautiful
e ora il giardino è perduto
and now the garden is lost
e non lo vedrò più
and I shall not see it any more

Il Giardino è perduto, ma l'ho trovato
The Garden is lost, but I have found him
e ne sono contento
and I am content with that
Mi ama meglio che può
He loves me as well as he can
Lo amo con tutta la forza della mia natura passionale
I love him with all the strength of my passionate nature
e questo è proprio della mia giovinezza e del mio sesso, penso
and this is proper to my youth and sex, I think
Se mi chiedo perché lo amo, scopro di non sapere
If I ask myself why I love him, I find I do not know
e non mi interessa davvero saperlo
and I do not really care to know
quindi suppongo che questo tipo di amore non sia un prodotto del ragionamento.
so I suppose this kind of love is not a product of reasoning
Questo amore non ha nulla a che fare con le statistiche
this love has nothing to do with statistics
è diverso dal modo in cui si amano gli animali
it is different to the way one loves the animals
Penso che debba essere così
I think that this must be so
Amo certi uccelli a causa del loro canto
I love certain birds because of their song
ma io non amo Adamo a causa del suo canto
but I do not love Adam on account of his singing
No, non è che
No, it is not that
più canta e più non mi racco ad esso
the more he sings the more I do not get reconciled to it
Eppure gli chiedo di cantare
Yet I ask him to sing
perché desidero imparare ad apprezzare tutto ciò che gli interessa

because I wish to learn to like everything he is interested in
Sono sicuro di poter imparare
I am sure I can learn
perché all'inizio non potevo sopportarlo, ma ora posso
because at first I could not stand it, but now I can
Fa acidificare il latte, ma non importa
It sours the milk, but it doesn't matter
Posso abituarmi a quel tipo di latte
I can get used to that kind of milk

Non è per la sua luminosità che lo amo
It is not on account of his brightness that I love him
No, non è che
no, it is not that
Non è da biasimare per la sua luminosità
He is not to blame for his brightness
perché non ce l'ha fatta da solo
because he did not make it himself
è come Dio lo ha fatto
he is as God made him
e questo è sufficiente così com'è
and that is sufficient the way he is
C'era uno scopo saggio in esso, che io so
There was a wise purpose in it, that I know
Col tempo lo scopo si svilupperà
In time the purpose will develop
anche se penso che non sarà improvviso
though I think it will not be sudden
E inoltre, non c'è fretta
and besides, there is no hurry
è abbastanza buono così com'è
he is good enough just as he is
Non è la sua grazia per la quale lo amo
It is not his grace for which I love him
e non lo amo per la sua natura delicata
and I do not love him for his delicate nature
non sarebbe nemmeno premuroso per amore.
he would not be considerate for love either
No, è carente sotto questi aspetti.
No, he is lacking in these regards
ma sta abbastanza bene così com'è
but he is well enough just as he is
e sta migliorando
and he is improving

Non è a causa della sua industria che lo amo
It is not on account of his industry that I love him
No, non è che
No, it is not that
Penso che ce l'abbia in lui.
I think he has it in him
e non so perché me lo nasconda
and I do not know why he conceals it from me
È il mio unico dolore
It is my only pain
Altrimenti è franco e aperto con me, ora
Otherwise he is frank and open with me, now
Sono sicuro che non mi nasconde nulla se non questo
I am sure he keeps nothing from me but this

Mi addolora che abbia un segreto da me
It grieves me that he should have a secret from me
e a volte mi rovina il sonno pensandoci
and sometimes it spoils my sleep thinking of it
ma me lo toglierò dalla testa
but I will put it out of my mind
non turberà la mia felicità
it shall not trouble my happiness
La mia felicità è già quasi traboccante
my happiness is already almost overflowing
Non è a causa della sua educazione che lo amo
It is not on account of his education that I love him
No, non è che
No, it is not that
È autodidatta
He is self-educated
e conosce davvero una moltitudine di cose
and he does really know a multitude of things
Non è per la sua cavalleria che lo amo
It is not on account of his chivalry that I love him
No, non è che
No, it is not that
Mi ha parlato, ma non lo biasimo
He told on me, but I do not blame him
è una peculiarità del sesso, penso
it is a peculiarity of sex, I think
e non ha fatto il suo sesso
and he did not make his sex
Certo che non l'avrei detto su di lui
Of course I would not have told on him
Sarei morto prima di parlargli
I would have perished before telling on him
Ma questa è anche una peculiarità del sesso
but that is a peculiarity of sex, too
e non me ne prendo il merito
and I do not take credit for it

perché non ho fatto il mio sesso
because I did not make my sex
Allora perché lo amo?
Then why is it that I love him?
SOLO PERCHÉ È MASCHILE, penso
MERELY BECAUSE HE IS MASCULINE, I think

In fondo è buono, e lo amo per questo
At bottom he is good, and I love him for that
ma potevo amarlo senza che fosse buono
but I could love him without him being good
Se mi picchiava e abusava di me, potevo continuare ad amarlo.
If he beat me and abused me I could go on loving him

So che è così
I know it is that way
È una questione del mio sesso, penso
It is a matter of my sex, I think
È forte e bello
He is strong and handsome
e lo amo per questo
and I love him for that
e lo ammiro
and I admire him
e sono orgoglioso di lui
and am proud of him
ma potrei amarlo senza quelle qualità
but I could love him without those qualities
Se fosse semplice, lo amerei ancora
If he were plain, I would still love him
se fosse un relitto, lo amerei ancora
if he were a wreck, I would still love him
e lavorerei per lui
and I would work for him
e io lo schiavizzerei
and I would slave over him
e pregherei per lui
and I would pray for him
e avrei vegliato al suo capezzale fino alla morte
and I would watch by his bedside until I died

Sì, penso di amarlo solo perché è MIO
Yes, I think I love him merely because he is MINE
e lo amo perché è maschile
and I love him because he is MASCULINE
Non c'è altra ragione, suppongo
There is no other reason, I suppose
E quindi penso che sia come ho detto all'inizio
And so I think it is as I first said
Questo tipo di amore non è un prodotto del ragionamento e della statistica.
this kind of love is not a product of reasoning and statistics
Questo tipo di amore viene da solo
this kind of love just comes by itself
Nessuno sa quando arriverà

No one knows when it will come
e l'amore non può spiegarsi
and love cannot explain itself
L'amore non ha bisogno di spiegarsi
love doesn't need to explain itself
questo è quello che penso, ma sono solo una ragazza
that is what I think, but I am only a girl
Sono la prima ragazza che ha esaminato la questione
I am the first girl that has examined this matter
anche se, per inesperienza, potrei non aver capito bene
although, out of inexperience, I may not have gotten it right

- Quarant'anni dopo -
- Forty Years Later -

È la mia preghiera, è il mio desiderio;
It is my prayer, it is my longing;
Prego che passiamo da questa vita insieme
I pray that we pass from this life together
Questo desiderio non perirà mai dalla terra
this longing shall never perish from the earth
ma avrà posto nel cuore di ogni moglie che ama
but it shall have place in the heart of every wife that loves
fino alla fine dei tempi
until the end of time
e sarà chiamato con il mio nome; Eva
and it shall be called by my name; Eve

Ma se uno di noi deve andare per primo, è mia preghiera che sia io
But if one of us must go first, it is my prayer that it shall be I
perché lui è forte, io sono debole
for he is strong, I am weak
Io non sono tanto necessaria a lui quanto lui lo è a me
I am not as necessary to him as he is to me
La vita senza di Lui non sarebbe vita
life without him would not be life
come potevo sopportarlo?
how could I endure it?
Anche questa preghiera è immortale
This prayer is also immortal
Questa preghiera non cesserà di essere offerta mentre la mia corsa continua
this prayer will not cease from being offered up while my race continues
Sono la prima moglie
I am the first wife
e nell'ultima moglie sarò ripetuto
and in the last wife I shall be repeated

- Alla tomba di Eva -
- At Eve's Grave -

ADAM: "Ovunque fosse, c'era l'Eden"
ADAM: "Wheresoever she was, there was Eden"

www.ingramcontent.com/pod-product-compliance
Lightning Source LLC
Chambersburg PA
CBHW011952090526
44591CB00020B/2730